住房城乡建设部土建类学科专业"十三五
高等学校房地产开发与管理和物业管理学科专业指导委员

物业管理专业导论

（物业管理专业适用）

张志红　主　编

刘　慧　张　培　梁国军　副主编

季如进　主　审

中国建筑工业出版社

图书在版编目（CIP）数据

物业管理专业导论/张志红主编. —北京：中国建筑工
业出版社，2017.6（2023.5重印）
住房城乡建设部土建类学科专业"十三五"规划教材
高等学校房地产开发与管理和物业管理学科专业指导委
员会规划推荐教材
ISBN 978-7-112-20899-9

Ⅰ.①物…　Ⅱ.①张…　Ⅲ.①物业管理—高等学校—
教材　Ⅳ.①F293.347

中国版本图书馆CIP数据核字（2017）第129623号

本教材作为物业管理本科专业大一新生专业认知用书，按照"行业—专业—职业"的
脉络，分别介绍了物业管理行业发展、物业管理基本知识、物业管理专业学习和物业管理
职业规划。目的在于使学生尽快了解物业管理行业发展历程及最新发展动态，熟悉本专业
的学科背景，激发学生走近物业管理、了解物业管理和学好物业管理的兴趣和决心，引导
学生明确大学阶段专业学习和研究的努力方向，形成对未来职业规划的初步设计。

本书可作为高等院校物业管理、房地产开发与管理、工程管理、工程造价等专业本、
专科生、教学人员、科研人员以及培训机构的教材和参考用书，并可供物业管理从业人员
自学之用。

为更好地支持相应课程的教学，我们向采用本书作为教材的教师提供教学课件，有
需要者可与出版社联系，邮箱：jckj@cabp.com.cn，电话：（010）58337285，建工书院
http://edu.cabplink.com。

责任编辑：刘晓翠　张　晶　王　跃
责任校对：焦　乐　李欣慰

住房城乡建设部土建类学科专业"十三五"规划教材
高等学校房地产开发与管理和物业管理学科专业指导委员会规划推荐教材
物业管理专业导论
（物业管理专业适用）
张志红　主编
刘　慧　张　培　梁国军　副主编
季如进　主审
*
中国建筑工业出版社出版、发行（北京海淀三里河路9号）
各地新华书店、建筑书店经销
北京锋尚制版有限公司制版
建工社（河北）印刷有限公司印刷
*
开本：787×1092毫米　1/16　印张：9　字数：190千字
2017年9月第一版　2023年5月第三次印刷
定价：24.00元（赠教师课件）
ISBN 978-7-112-20899-9
　　　　（30542）

教材编审委员会名单

主　任：刘洪玉　咸大庆

副主任：陈德豪　韩　朝　高延伟

委　员：（按拼音顺序）

曹吉鸣　柴　强　柴　勇　丁云飞　冯长春　郭春显

季如进　兰　峰　李启明　廖俊平　刘秋雁　刘晓翠

刘亚臣　吕　萍　缪　悦　阮连法　王建廷　王立国

王怡红　王幼松　王　跃　吴剑平　武永祥　杨　赞

姚玲珍　张　晶　张永岳　张志红

出版说明

　　20世纪90年代初，我国房地产业开始快速发展，国内部分开设工程管理、工商管理等本科专业的高等院校相继增设物业管理课程或开设物业管理专业方向。进入21世纪后，随着物业管理行业的发展壮大，对高层次物业管理专业人才的需求与日俱增，对该专业人才培养的要求也不断提高。教育部为适应社会和行业对物业管理专门人才的数量需求和人才培养层次要求，于2012年将物业管理专业正式列入本科专业目录。为全面贯彻落实《国家中长期教育改革和发展规划纲要（2010—2020年）》和教育部《全面提高高等教育质量的若干意见》的精神，规范全国高等学校物业管理本科专业办学行为，促进全国高等学校物业管理本科专业建设和发展，提升该专业本科层次人才培养质量，按照教育部、住房城乡建设部的部署，高等学校房地产开发与管理和物业管理学科专业指导委员会（以下简称专指委）组织编制了《高等学校物业管理本科指导性专业规范》（以下简称《专业规范》）。

　　为了形成一套与《专业规范》相匹配的高水平物业管理教材，专指委于2015年8月在大连召开会议，研究确定了物业管理本科专业核心系列教材共12册，作为"高等学校房地产开发与管理和物业管理学科专业指导委员会规划推荐教材"，并在全国高校相关专业教师中遴选教材的主编和参编人员。2015年11月，专指委和中国建筑工业出版社在济南召开教材编写工作会议，对各位主编提交的教材编写大纲进行了充分讨论，力求使教材内容既相互独立，又相互协调，兼具科学性、规范性、普适性、实用性和适度超前性，与《专业规范》严格匹配。为保证教材编写质量，专指委和出版社共同决定邀请相关领域的专家对每本教材进行审稿，严格贯彻了《专业规范》的有关要求，融入物业管理行业多年的理论与实践发展成果，内容充实、系统性强、应用性广，对物业管理本科专业的建设发展和人才培养将起到有力的推动作用。

　　本套教材已入选住房城乡建设部土建类学科专业"十三五"规划教材，在编写过程中，得到了住房城乡建设部人事司及参编人员所在学校和单位的大力支持和帮助，在此一并表示感谢。望广大读者和单位在使用过程中，提出宝贵意见和建议，促使我们不断提高该套系列教材的重印再版质量。

高等学校房地产开发与管理和物业管理学科专业指导委员会

中国建筑工业出版社

2016年12月

前　言

　　物业管理专业在我国高校属于一个全新的专业，特别是本科层次的物业管理专业，仅有14年的建设历史。相比于其他成熟专业，本专业在教材建设上显得比较薄弱。2015年，高等学校房地产开发与管理和物业管理学科专业指导委员会（以下简称房指委）组织编写了《高等学校物业管理本科指导性专业规范》。其中，将"物业管理专业导论"列为物业管理本科专业"物业管理理论与方法"知识领域推荐课程，建议学时为16学时，并将《物业管理专业导论》教材的编写列入第一批推荐教材编写计划。

　　本教材主要面向国内物业管理本科专业学生。截至2016年年底，全国开设物业管理本科专业的高校共38所。经调查，上述高校中，作为大一新生进入物业管理本科专业学习的入门引导课程，该课程设置情况分三类：一是开设专业导论课程，对物业管理专业发展的历史和现状、专业知识体系、教学安排和专业人才培养等内容进行综合介绍；二是开设专业概论课程，重在介绍物业管理基本概念及基本内容，使学生对物业管理行业的知识结构有一个总体的把握；三是直接开设物业管理实务课程，只是在课程开始时简单对物业管理专业及行业发展历程加以简单介绍。经房指委几次会议研究，最终决定采用第一种方式。

　　国内现有物业管理专业相关教材中，绝大部分采用了物业管理概论的编写思路。编写组在前期资料搜集中，未能找到一本符合本教材编写宗旨和房指委要求的参考教材。因此，本教材编写组主要参考了大量相关专业的专业导论教材，从教材定位、内容设置和体例设计等方面集众家之长。

　　本教材是配合物业管理本科专业新生专业认知课程而编写的。专业认知课程是本专业其他全部专业课程的先导课程，通过对物业管理专业发展、专业知识体系、教学安排和专业人才培养等内容进行综合介绍，使新生尽快了解物业管理行业发展历程及最新发展动态，熟悉本专业的学科背景。激发学生走近物业管理、了解物业管理和学好物业管理的兴趣和决心。引导学生明确大学阶段专业学习和研究的努力方向，形成对未来职业规划的初步设计。教材的编制及专业认知课程的开设，为打造完整的物业管理专业学科体系，全面促进学生的通用能力、专业能力和创新能力，培养高素质、应用型、复合型物业管理专业人才奠定坚实的基础。

　　本教材按照"行业—专业—职业"的脉络，分别介绍了物业管理行业发展、物业管理专业知识、物业管理专业学习和物业管理职业发展。教材编写力求突出以下四方面特点。

（1）严谨。本教材为高等学校房指委推荐教材，并由房指委确定主编与主审。教材编写按照《高等学校物业管理本科指导性专业规范》提出的培养目标、课程设置、教学要求和教学原则精心设计，凝聚海内外物业管理专业教育界专家学者的智慧，反映物业管理专业教育、科研的最新成果。编写团队既具有丰富的教学经验，又有全面的行业实践经历，确保了教材在理论和实践两个层面的准确性。

（2）前瞻。基于广泛的市场调研、详尽的需求分析和严谨的科学判断，梳理现有教材，优化教材结构，更新教学方法和手段，强化学生综合能力的培养。编写团队搜集了大量的国内外物业管理行业最新发展和专业教学参考资料，突出"吸引"、"远景"，强化教材的学习推动力。本教材将是迄今为止我国首部适用于物业管理本科生的专业导论课程用书。

（3）创新。无论是物业管理行业还是物业管理专业，在我国出现的历史都较短，社会影响力也有限。大部分新生在进入物业管理专业学习时，对本专业及行业的认知几乎等于"零"。为激发学生的兴趣，教材中设计了"资料"、"数据"、"延伸"、"案例"、"故事"等知识拓展环节，结合各章节内容，引入大量的行业动态介绍、专业知识、管理案例、励志故事等，丰富骨干理论知识，开拓学生视野，提高学生的创新意识和独立分析能力。

（4）实操。教材中试图将行业背景、专业知识、职业通道等内容完美匹配，课后习题除保留传统的"思考题"之外，增加了"探究题"、"案例分析题"和"实践题"，以配合教师启发式教学、案例教学及实践教学的需要。并建议在教学中设计现场观摩或行业专家讲座等内容，使学生通过学、看、听、思、议、演等环节的系统训练，增强观察事物、提出问题、分析问题、解决问题的能力，培养团队协作意识和综合协调能力。

本教材由张志红主编，刘慧、张培、梁国军任副主编。本书共4章，参加编写的人员及分工如下：张培（第1章）、刘慧（第2章）、张志红（第3章）、梁国军（第4章），全书由张志红统稿。本书聘请清华大学房地产研究所副所长季如进教授任主审，房指委委员陈德豪、韩朝两位教授作顾问。

本教材被列为住房城乡建设部土建类学科专业"十三五"规划教材，并得到石家庄学院"重点专业建设项目"、"精品资源共享课立项建设项目"、"应用型课程开发与建设项目（2016）"、"教学团队建设项目（2016）"等基金的支持。

本教材可作为高等院校物业管理、房地产开发与管理、工程管理、工程造价等专业本专科生、教学人员、科研人员以及培训机构的教材和参考用书，并可供物业管理从业人员自学之用。

因编者水平有限，教材中还有许多不足之处，恳请读者朋友们批评指正。

编者

2017年5月

1

物业管理行业发展

本章要点及学习目标

　　掌握我国物业管理行业发展状况及其在国民经济中的地位；熟悉物业管理行业的起源及我国物业管理行业的发展历程；了解未来我国物业管理行业的发展走向、关注点及战略。

1.1 物业管理行业的起源与发展

1.1.1 物业管理行业的起源

物业管理起源于19世纪60年代的英国。当时英国正值工业发展时期，大量的农村人口涌入城市，造成了城市人口的大量集中，对房屋的需求也急剧地膨胀，住房问题日益凸显。有些开发商见机纷纷营建一些简易的住宅，以低廉的租金租给工人家庭居住，权宜解决了工人的居住问题。由于居住环境恶劣，附属设备和配套设施严重不足，还时有人为破坏发生，出现租金拖欠严重、租赁关系混乱等情况，业主的经济收益也得不到保障。当时，有一位名叫奥克维娅·希尔（Octvia Hill）的女业主在其名下出租的物业进行修缮，制定了一套行之有效的管理办法，要求租户严格遵守，从而改善了居住环境，租金得到了保证，用户住得也满意。希尔的举措震动了其他业主和英国政府的有关部门，其他出租物业的业主也纷纷效仿希尔的管理方法，这一套管理方法便在英国迅速推广并不断发扬光大。自此以后，物业管理逐渐得到了业主和政府有关部门的重视，被推广到世界各地，一些物业的业主干脆请专人代为管理其物业。一种新型的房屋管理模式就此诞生，后被视为物业管理最早的雏形。后来，英国成立了世界上第一个非营利性的物业管理行业组织——皇家特许屋宇经理学会（Chartered Institute of Housing，CIH）。以英国为起源地，在一个多世纪的时间里，物业管理在西方各国逐渐推行开来。

1.1.2 国外物业管理行业的发展

物业管理虽然起源于英国，但其形成现代意义的物业管理并发展壮大却是在美国。19世纪末20世纪初，美国工业迅速发展，进入垄断资本主义经济时期。美国城市化进程加快，城市规模加大，加之施工技术的进步和建筑新材料、新结构的出现，一幢幢摩天大楼平地而起，高层建筑变得越来越多。高层建筑的附属设备随之增多，且结构复杂，防火、保安、保洁工作较低矮房屋也更繁重。这使得传统的物业管理模式无法满足其需要。于是，一种适应这种客观要求和能解开这道难题的专业性物业管理机构应运而生。该机构会应业主的要求，对楼宇提供统一的管理与一系列全方位服务，就此开启了现代物业管理运行的大门。1908年，世界上第一个物业管理组织——芝加哥建筑物业管理人员组织（Chicago Building Managers Organization，CBMO）成立，该组织由芝加哥大楼的所有者和管理者乔治·A·霍尔特发起，这标志着现代物业管理的诞生。此后，在CBMO推动下，美国第一个全国性业主组织——"建筑物业主组织"（Building Owners Organization，BOO）也宣告成立。在这两个组织的基础上，又成立了"建筑物业主与管理人员协会"（Building Owners and Managers Association，BOMA）。这是一个地方性和区域性组织的全国联盟，代表着物业管理过程中业主和管理者的共同利益。美国专业物业管理人员认为，业主和管理者在一个协会中，可以加深彼此了解，从而实现在管理工作中的理解和相互协作。业主和管理者的目的是一致的，都是为了使物业保值和增值，共同创造一个良好的居住环境和工作环境。

美国在20世纪30年代以后借鉴英国的经验，又强化了自己在住房问题上的角色，大力发展住宅建设，由此实现了住宅供应由短缺到基本平衡的重大转变。在这一转变过程中，物业管理也日趋社会化，并逐步形成了一个有较广泛社会影响的专门性的职业门类。

1933年，美国物业管理协会IREM（Institute of Real Estate Management）成立，总部设在芝加哥，在全美有80多个分会，是国家地产协会NAR（National Association of Realtors）的附属组织。IREM主要致力于物业管理从业人员的专业教育培训和职业资格认定工作，目前该组织的伙伴团体及国际会员遍布全球，并着手进行相关国际标准的制定工作。IREM对从事物业管理的专业人员颁发两种资格证书：居住物业管理经理（ARM）和注册物业管理经理（CPM）。从业人员取得上述证书，必须在专业培训、工作经验和职业道德三方面符合严格的认证标准。ARM主要负责管理出租公寓、出租活动住宅、共管住宅、独栋家庭住宅及单身公寓等；CPM则被视为物业管理行业的最高资格。1934年，美国房地产管理学院成立，对合格的物业管理人员签发3种证书，即合格物业经理（ARM）、合格住宅经理（CAM）和合格管理组织成员（AMO）。ARM属于执行经理，具体负责同租户保持联系，并执行管理政策；CAM相当于主管经理或执行经理；AMO则是具体管理人员。

20世纪中叶以后，物业管理在世界范围内得到更加广泛的传播，特别是在日本、新加坡和中国香港得到了长足的发展。并逐渐影响到整个亚洲地区，尤其促进了我国物业管理的兴起和更快的发展。

1.1.3 物业管理行业产生的原因分析

物业管理行业之所以最初在欧美资本主义国家诞生并得以快速发展，主要基于三方面原因。

1. 建筑物区分所有权的要求

随着社会生产力的发展和科学技术的进步，几千年农业社会简单不变的建筑物物质形态不再适应经济社会发展的要求。特别在现代工业化和城市化的大背景下，为节约社会物质资源和改善人类生活条件，人们不断创造出构造形式多样和设施设备齐全的现代建筑。随房地产经济的进一步发展，建筑物的复杂化、物业设施的智能化、物业类型的多样化和物业功能的多元化成为现代房地产物质形态的典型特征。

建筑物物质形态的变化自然导致其权利状况的变化。绝大部分的建筑物不再由单一个人占有使用，而是由若干个单位或个人共同使用。房屋及其设施设备物质形态的分割带来不同使用人之间权利的分割，建筑物区分所有权应运而生。单个业主仅仅对建筑物的专有部分享有所有权，共有部分的共有权和共同管理权则属于全体业主所有。在建筑物区分所有权背景下，如果采用由各个业主和使用人按产权分割分散管理，则难以适应建筑物的复杂性，无法保障设施设备的系统性。因此有必要引入专业的物业公司实施统一管理。

2. 物业产权人及使用人利益最大化的需要

物业的权属性质决定着物业的经营方式，即物业管理经营服务的权利，主要来源于物业产权人和使用人。物业产权人依法对其所有的物业享有所有权、使用权和租赁权，物业使用人也可以依法占有和使用物业。物业产权人和使用人，均可合法通过使用物业获得收益。无论是物业所有权人还是使用人，都希望降低物业使用和管理成本，获得最大的收益。其中既包括了经营投资利润的最大化，也包括享受物业服务质量的最优化。这是物业管理产生的最根本的经济动因。将物业纳入统一管理，有利于降低管理成本，引进先进的管理技术，更好地实现物业的保值增值，提高服务水平。而随着人们生活水平的提高，物业使用人对物业服务质量愈加重视。引入统一、专业的物业管理，是业主共同决策权的体现。

3. 社会分工与市场经济发展的结果

伴随工业革命的开展和城市化进程的推进，社会分工越来越细。房屋及附属设施设备从单个业主自行管理转变为全体业主共同管理，而共同管理最为经济和高效的方式就是引入市场竞争机制，选聘专业化的物业服务企业，由物业服务企业对业主共有部分实施综合统一的维修养护和管理。物业管理市场作为房地产业的细分市场出现，因其较低的进入门槛，迅速吸引了投资者的目光。市场化既是物业管理行业产生的原因，也是物业管理行业得以快速发展的原动力。

1.2 我国物业管理行业的兴起与发展

1.2.1 香港物业管理行业的发源与演变

1. 香港物业管理的起源

从香港物业发展历程来看，香港物业管理来源于英国，结合香港自身实际情况又做了相应改变。香港物业管理专业工作始于20世纪60年代，从60年代开始，民间开发商在香港兴建了多层房屋，并以单元形式出售。出于成本考虑，这些房屋的管理工作大都交给即将退休的老人负责看管。由于他们缺乏维修保养知识和防火知识，加之体力不支，难以阻止某些无视公共道德的承租者对房屋的破坏和对邻里的干扰，致使楼宇设施长期缺乏保养，环境卫生条件恶劣，防火通道被占用，存在很大隐患。同时，业主的权益也无法得到有效保障。这些问题受到了民众和政府立法局的关注。

众所周知，香港寸土寸金，居民对住房的需求量很大，单靠政府兴建大厦和屋村以解决住房问题，并不是有效的方法。于是，房地产开发商开始积极投资大型建筑物。当第一个大型私人屋村向政府申请规划许可证时，政府虽然乐意采纳这种建屋请求，但又担心人口如此密集的大型屋村一旦建成，倘无良好的管理，后果将不堪设想。于是，在批准其发展计划时附上若干条件，要开发商承诺在批地契约后的全部前期内妥善管理该屋村。由此，也就出现了由发展商为私人屋村提供专业化管理的形式。

因此，20世纪60年代香港特别行政区政府为公共屋村和开发商为私人屋村提供的专门管理，使新建楼宇有了前所未有的优良服务。随着人口密度的不断增长，建筑高度和屋村规模也在不断扩大，同时人们对居住环境的要求也日益提高。仅靠政府或者开发商提供的房屋管理服务难以适应。于是，发挥住户的民主管理显得尤为重要。为此，香港特别行政区政府于1970年制定了《多层建筑物条例》，确定业主可以以"参与管理者"的身份，组织"业主立案法团"。"业主立案法团"由多数或半数以上的自主业主组成，是合法的管理组织。该组织可以收取管理费，可以雇用员工，也可以委任专业管理公司，为大厦提供多方面的服务。这样，使得楼宇和屋村的管理更臻完善，从而进一步提高了房屋的管理服务水平。

综上所述，香港的屋村大部分由专门的物业管理公司进行管理和服务；而私人开发商开发的物业则多由"业主立案法团"自行管理。前者中的一些大型屋村，如"美孚新村"、"太古城"等，规模较大并建有商场街市等公共设施，由专门物业管理人员管理。20余年来，其物业管理水平仍然为人称道。

2. 香港物业管理的发展

进入20世纪80年代，香港特别行政区政府倡导"良好大厦管理"，鼓励大厦小业主积极参与大厦的日常管理事务，使得管理服务更具活力、更加蓬勃发展。在这期间，成立了"私人大厦管理咨询委员会"和"香港物业管理公司协会"。"私人大厦管理咨询委员会"主要为多层大厦业主立案法团及大小业主提供咨询服务。1987年该委员会设立工作小组，制定了《公共契约指导》并推动修订了"不公平公契"。1989年，香港成立了"香港物业管理公司协会"，主要的物业管理公司都是该协会成员，协会可以代表物业管理人士发言，也可以对同业进行监督。这些组织的建立，使得香港物业管理更加全面、深入，更具群众基础和权威性。正如英国管理学会香港分会副主席莫志雄先生1991年1月在"住宅小区及高层管理培训班"的讲课中所说："本港物业管理的未来发展，业主会进一步参与管理自己的楼宇，不过，我亦相信物业管理会变得越来越专业化。新楼宇的设计已比以前复杂多了，而人们对物业管理服务水准的期望也亦越来越高。我确信物业立案法团和物业管理公司可以同时存在，亦会继续并存，而且和谐地一起工作"。

1.2.2 内地物业管理行业的发源

我国内地物业管理行业是在城市房地产综合开发和住房制度改革背景下，通过实行住房商品化制度而逐渐发展起来的。

1. 新中国成立前我国物业管理的萌芽

19世纪20年代初到新中国成立前夕，是中国房地产和物业管理的萌芽阶段。在此期间，我国的上海、天津、武汉、广州等城市大量出现一些八九层高的建筑物。以上海为例，此间出现了28座10层以上的高层建筑，形成当时上海风格各异的各式建筑群，如外滩的建筑群、南京路及淮海路的商业街、幽静的西区住宅群等，上海也因此获得"万国建筑博览"的美誉。那时，出于房地产交易、使用等的需要，产生了代理经租、清洁卫生、住宅装修、服务管理等经营服务性的专业公司，初具当今专业化、企业化物业管理的雏形。

2. 改革开放前的城镇住房制度

1949年新中国成立后，国家对城市房地产逐步实行国有化的政策。一方面，大量城市房屋经过私房社会主义改造转化为国有；另一方面，政府和国营企业又建造大量的住房提供给居民和职工租用，形成了具有中国特色的公有住宅体系。除国营单位自行经营管理的房屋外，政府房地产行政主管部门还直接管理一部分公房，出租给居民使用，由房管所具体负责管理和养护。新中国成立后的60多年里，公有住宅的总量经历了一个由小到大、再由大到小的演变过程。新中国成立初期私房总量远远大于公房总量；城市私房国有化改造以后，城市公有住宅又远远大于私有住宅；改革开放以后，国家确立了住房商品化方针，一方面大力发展商品房市场，另一方面积极鼓励和支持向职工和居民出售公有住房，私有住宅数量又迅速超过公有住宅。

长期以来，我国房屋管理一直采取福利型的行政管理模式，这种管理模式符合当时城镇住房制度的要求。我国改革开放前的城镇住房制度主要呈现三个特征：一是住房投资由国家和国有企业统包；二是住房分配采取实物分配；三是住房消费采取福利低租金和国家包修包养制度。

在计划经济体制下，住房建设、分配、管理都由国家和国有企业统包，其弊端表现在：一方面，建设资金有投入无回收，无法形成投入产出的良性循环，制约了住宅建设的发展，住房供应极其短缺，人均住房面积下滑；另一方面，收取的房租过低，不能维持房屋的维修养护，房屋损坏严重，大量的危旧破房得不到改造，危及群众的居住安全，加大了国家的负担。

在这种经济环境下，房地产这一生产、生活要素就几乎没有像其他商品一样进入流通领域，物业经营活动也随之停止，中国的物业管理从此进入冬眠期。

3. 城镇住房制度改革

1978年以后，随着我国经济体制改革逐步展开，房地产领域进行了三项改革：一是城镇住房制度改革；二是城市土地使用制度改革；三是房地产生产方式改革。

城镇住房制度改革是经济体制改革的重要组成部分。早在1979年，国家就开始逐步推行城镇住房制度改革，开始实行向居民售房的试点。1994年，国务院下发了《关于深化城镇住房制度改革的决定》（国发［1994］43号），全面开展公有住房向居民和职工出售工作。1998年，国务院发布了《进一步深化城镇住房制度改革加快住房建设的通知》（国发〔1998〕23号），取消住房实物分配，开始实施住房分配货币化。同时，提出经济适用住房建设方针和政策，为中低收入居民购房铺平了道路。国家通过提高工资、给职工发放住房公积金和住房补贴，鼓励职工到房地产市场购买住房，为建立商品房市场和推进住房商品化奠定了基础。

房地产生产方式改革，就是改变国家统一投资、统一分配、统一修缮管理的统包统支制度，发挥国家、企业和个人的积极性，推行"统一规划、合理布局、综合开发、配套建设"的综合开发模式，建立并完善商品房市场。综合开发后的住宅小区呈现三个特点：一是数量多；二是规模大；三是建筑水平与配套设施设备得到突破性的提升。随着商品房市场的建立和完善，居住区规划布局日臻合理，配套设施日益完善，为下一步推行物业管理创造了有利条件。

4. 物业管理的产生

随着住房商品化进程的加快，管理好新建住宅小区和各类商品房屋，既是广大群众的迫切要求，也是新形势下摆在房地产主管部门面前的紧迫任务。为此，各地对住宅小区的管理模式进行了多方面的探索。例如：大庆石油管理局对住宅区进行封闭式管理，常州等地由街道办事处统一管理，上海市由房管所、街道居委会、派出所三位一体进行管理等。这些探索，都在不同程度上对长期以来的行政管房方式进行了改革，也取得了一些效果，但都没有将房屋管理推向市场，没有从根本上改变住宅小区的行政管理体制。

1981年3月10日，深圳市第一家涉外商品房管理的专业公司——深圳市物业管理公司挂牌成立。当时，深圳特别行政区房地产公司开发了一个名为"东湖丽苑"的外销商品房小区，针对该小区的商品房被多家单位和个人购买后形成的产权多元化格局，深圳市物业管理公司按照社会化、专业化的管理原则和市场化的经营方式，对住宅小区实施专业管理。企业为业主提供有偿服务，收取相应的服务费用，建立了"独立核算、自负盈亏、自我发展、自我完善"的运行机制。东湖丽苑小区在物业管理方面的探索，开启了房屋管理工作从政府行为转变为企业行业、房屋管理费用从政府补贴为主到企业自负盈亏的有益尝试，为特区乃至全国房屋管理工作的改革提供了成功的经验。

随后，南方一些沿海城市也相继成立物业管理公司。广州东华物业管理公司在广州五羊小区的管理实践中，不断完善小区物业管理模式，小区的行政管理和物业管理职责分明、互相配合、互相支持、密切联系。例如：街道和居民委员会派员参加管理处的主任例会，及时了解物业管理的情况，通过各种宣传和教育，推动居民和产权单位支持物业管理工作；当地派出所还负责对小区管理处保安队伍进行业务指导，及时处理小区的交通违章行为；小区管理处处理各种违章搭建遇到困难时，规划城管部门及时依法予以处理。通过东华物业管理公司专业化的管理服务，小区的各项设施设备得以正常运转并发挥最佳效能，营造了优美整洁、方便舒适、文明安全的小区居住环境。

对党政机关、事业单位和企业职工集中居住区进行物业管理，最早取得成功经验的是深圳市莲花二村住宅区。莲花二村住宅区是深圳市住宅局1990年开发建设的大型居住小区，入住者大多是党政事业单位和企业的干部职工。该小区由深圳市莲花物业管理公司管理。莲花物业管理公司在实践中勇于开拓、锐意改革，借鉴香港房屋管理的成功做法和国内房管所房屋管理的丰富经验，努力开创一流的管理和一流的服务，探索出了一条自主经营、自我发展、自我完善、社会效益和经济效益协同发展的房屋管理新路子。

1.2.3 内地物业管理行业的发展阶段

从1981年3月10日我国第一家物业管理公司在深圳成立，现代物业管理伴随着我国改革开放的进程一路同行，其发展异常迅速，并逐步规范。物业管理作为城市管理的一部分，对城市的进步和发展以及人居生活水平的提高都起到了积极的作用。

【数据】

从中国物业管理行业生存发展报告看行业变迁

2007年，中国物业管理协会首次就我国物业管理行业生存状况开展了调查，完成网上调查信息数据填报的企业总数为4600家，调查面覆盖了全国31个省、自治区、直辖市，共涉及128个城市和地区。通过物业服务企业成立时间走势图（图1-1）不难看出：1981~1994年13年间，只有268家企业成立，占企业总数的5.82%；1994~2007年13年间，共有4332家企业成立，占总企业数94.18%。其中1994~2004年10年间共成立企业2495家，占总企业数75.98%，10年间企业以每年近133%的速度猛增。可以说，1981~1994年的前13年，是我国物业管理的萌芽起步阶段，发展速度慢。1994~2004年的10年，是我国物业管理发展最为迅猛的阶段，大多数的物业服务企业在这一阶段诞生。2004年以后，企业数量的增长速度放缓。[①]

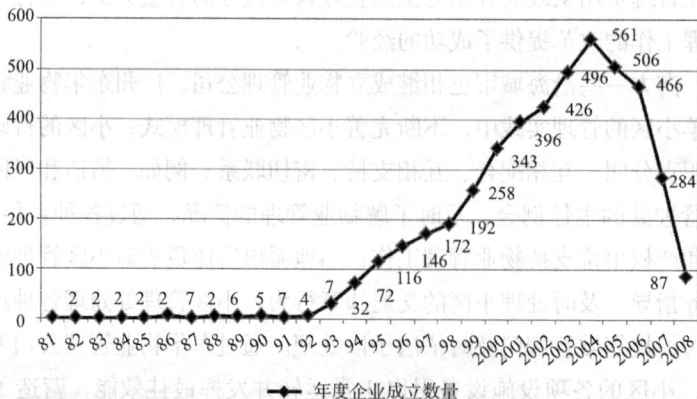

图1-1 1981~2008年我国新成立物业服务企业数量变化走势图

———————————
① 中国物业管理协会秘书处.物业管理行业生存状况调查报告［J］.中国物业管理，2008（5）.

我国物业管理发展大致可以划分为四个阶段。

1. 探索起步阶段（1981～1994年）

1981年3月10日，我国第一家物业管理公司——深圳市物业管理公司成立，拉开了我国物业管理的帷幕，标志着我国物业管理的诞生。

如同任何一个新生事物的诞生都有一段时间的摸索和徘徊过程一样，物业管理作为一个新生事物，在初创时期探索着适合中国国情、有中国特色的物业管理模式。这期间，物业管理还继承着传统物业管理的一些办法，采用半政半企的方式进行运营。在物业管理行业出生成长的幼年时期，它就是政府部门的房管所，政府供给人、财、物。而所谓的物业管理公司只不过是一个修修水电、搞搞卫生、看看门等简单的保姆性质的琐碎工作，并且只是象征性地收取少量费用，谈不上什么技术，也没有什么制度和条例等详细的规定约束，比较粗放、散漫，那时候人们意识上的物业管理就是一个家政性质的公司和行当，社会的认可程度较低。

1989年9月，建设部在大庆市召开了第一届全国住宅区管理工作会议，总结推广各地探索积累的管理经验，部署有关住宅小区管理规章和标准的文件起草工作，拉开了全国统一性小区管理工作的序幕，也标志着我国物业管理工作的全面启动。我国沿海地区率先启动，如深圳市住宅管理部门高度重视物业管理的发展，在较短的时间内，就很快出现了如万科、中海、长城、福田、万厦、金地、华侨城、国贸等相对规范的物业服务企业，也由此创下许多中国物业管理行业的新模式、新思路，极大地促进了物业管理行业的持续快速发展。行业的定位更趋明显，也得到了社会各界的逐步认可和肯定，物业管理行业从台后走向台前，逐步从迷茫走向成熟。物业服务企业如雨后春笋般成长，实现了规模化扩张。原来由政府部门主管的一个小小工作部门，逐步发展成为房地产开发公司的子公司、独立专业的物业管理公司等新的产权企业，成为隶属于住宅局的独立行业。优化服务、科学管理，社会化、专业化、一体化、经营型的行业发展框架和方向初步确定，一系列新的运作模式应运而生。

在这个关键的时期，深圳率先探索并逐步发展成为国内物业管理行业的榜样。深圳的物业管理在这一阶段处于"创新的历程"。万科"齐抓共管"模式的提出、金地"人性化"理念的倡导，中海"白毛巾检验保洁效果"的做法，这些不断冲击业界持续创新的举动，对早期我国物业管理行业确立国内领先地位作出了较大贡献。尤其是深圳物业服务企业在服务方面树品牌、创一流，不断推陈出新，创造新的管理模式，始终领导着整个国内物业管理行业的最新潮流。深圳物业服务企业持续扩张，实施品牌移植，将先进的管理理念传输到内地，也促进了内地物业管理市场的活跃，带动了我国现代物业管理行业的快速发展。深圳充分利用毗邻香港、澳门等地理优势，积极借鉴国外和港澳地区的先进管理服务经验，又紧密结合国内的实际，积极探索和拓展新的服务内容，全方位满足业主的服务需求，将单一的常规服务延伸到各行各业之中，使物业管理的服务项目逐步扩大、收益加大。如万科的"会所经营"、中海的楼宇外墙专业清洗等，都有力地促进了物业管理行业的规模化、多元化发展，使行业的定位日益明确。在完善物业管理理论研究和法规条例方面，深圳也一直走在全国的前列，为国内物业管理行业的迅速、持续发展作出了不可磨灭的巨大贡献。借鉴国外和我国香港、深圳等地的经验，我国部分省市物业管理行业实行了招标投标选聘物业管理公司，物业管理人员培训上岗等制度，一些地方物业管理协会也相继成立。

2. 快速发展阶段（1994~2003年）

这一阶段以《城市新建住宅小区管理办法》的颁布和实施为标志。

1994年3月11日，建设部颁布了《城市新建住宅小区管理办法》（建设部令第33号），并自1994年4月1日起施行。该办法明确要求住宅小区应当逐步推行社会化、专业化的管理模式，由物业管理公司统一实施专业化管理；房地产开发企业在出售住宅小区前，应当选聘物业管理公司承担小区的管理，并与其签订物业管理合同；住宅小区应当成立住宅小区管理委员会（以下简称管委会），在房地产行政主管部门指导下，由住宅小区内房地产产权人和使用人选举的代表组成，代表和维护住宅小区内房地产产权人和使用人的合法权益；并对管委会、物业管理公司的权利、义务，物业管理合同内容以及物业管理相关各方的法律责任等作出了规定。《城市新建住宅小区管理办法》为确立我国物业管理新体制指明了方向。

《城市新建住宅小区管理办法》颁布后，各地开始把物业管理作为城市管理体制的重大改革事项来着手推行。青岛市制定了住宅小区实施物业管理"一年试点、三年普遍推开"的目标，市政府成立了领导小组，分管市长担任组长，建设、房地产、市政、园林、公安、规划、环卫等部门负责人和各区区长作为成员，保证了市、区政府各部门在推动物业管理新体制上形成合力。1995年，建设部在青岛召开了全国第一次物业管理工作会议，推广青岛对住宅小区实施物业管理的经验。这次会议明确提出，房地产业的发展，对住宅区以及其他房屋的管理和维护提出了新的要求，要求房地产的售后服务按照市场经济的模式建立新体制，房地产经营管理必须从简单修补和收取租金，转向综合性、多功能的社会服务。

与此同时，大连市也开始部署对全市较大住宅小区的整治改造工作，将全面清理违章建筑、实施绿化工程、增补市政设施，作为全面推进物业管理的前期准备工作。大连市要求住宅小区建立以经营性服务为核心的物业管理新体制，同时加快地方立法，巩固整治成果。1997年，建设部在大连召开全国第二次物业管理工作会议，推广大连整治改造旧住宅小区并推进物业管理的经验。

早在1993年，深圳市就开始积极探索物业管理招标投标制度。深圳市住宅局首先在内部进行尝试，在新建的大型住宅小区——莲花北村用招标投标的方式选聘物业服务企业。1994年，深圳市万厦居业公司获得了该小区的物业管理权，在1995年全国优秀示范小区评比中，莲花北村获得了全国物业管理优秀示范小区第一名。1996年，深圳市又以旧小区鹿丹村作为试点，进行全市公开的物业管理招标投标，经过激烈竞争，深圳万科物业服务公司中标取代了原物业管理公司，从而使深圳物业管理的市场化又向前迈进了一步。

1999年，建设部在深圳召开了全国第三次物业管理工作会议，推广深圳物业管理项目招标投标制度和经验。这次会议指出，深圳加速推进物业管理竞争机制，初步形成了政府调控为主导、业主和企业双向选择、公平竞争的物业管理市场机制。这次会议明确了物业管理市场的核心问题是推进竞争、规范行为，应当把市场竞争作为推动物业管理健康发展的根本途径。

从1995年开始，建设部在全国开展了城市物业管理优秀示范小区和优秀市长的表彰活动，激发了各地提高物业管理水平的热情。截至2013年，据不完全统计，全国共有2362个物业项目（其中住宅小区1333个，大厦980个，工业区49个）取得全国物业管理示范（优秀）住宅小区（大厦、工业区）的称号。

2000年，中国物业管理协会在北京成立，对加强行业指导和行业自律起到了重要作用。

尽管如此，全国性物业管理法规仍旧滞后于实践，物业管理队伍的壮大以及加入WTO的机遇，带来了物业管理市场竞争的加剧，经营风险的加大。

首先，法规滞后导致物业服务企业风险增大。业内人士至今仍记忆犹新的厦门某住宅小区停车场丢车索赔案，从物业管理的职责和权利方面，由于没有明确的法律支持，收入微薄的物业服务企业却要承担与之相比成倍大的经营风险。收入5元的停车费，却要承担巨额的赔偿风险，甚至苦心经营了多年的成果随之化为泡影。发生在深圳笔架山庄别墅区的人命案再一次给我们敲响警钟，由于事件发生在小区内，加上是空置房，事主一纸诉状将物业管理单位告上法庭，法院由于没有相关的法规支持，故一审判决物业服务企业赔偿20万元补偿金。而且人命案已经过去了3年多，深圳物业管理行业为此曾联名全市的物业服务企业上诉到人大、政府、政协等各部门，也因此迫使人大加强物业管理法规的修改和完善。尽管如此，还只是对框架上的条例作了适当的修改。虽然上海、成都、广东等地也都纷纷出台了一系列相关的法规条例，但都没有对行业的定位作出明确的说法和规定。

其次，物业管理市场竞争激烈。物业管理属于第三产业，以服务为生存之本，入行门槛较低。这使得一些有一定经济积累的人士纷纷看好，都接二连三地注册物业管理公司，一时间仿佛物业管理成了赚钱最快的行业。由此，一方面造成了物业服务企业成倍增长的"喜人局面"，不论是房地产开发企业，还是单纯的物业服务企业，以及政府的机关事务管理中心、住宅局、居委会等，都转眼间有了或成了物业管理公司，数量日益增多。而现有物业却十分有限，形成僧多粥少的现象，相互竞争自然加大。另一方面，由于相应的法规和制度还不健全，导致企业之间的恶性竞争此起彼伏，一些物业服务企业随意提出诸如"免×年管理费"、"为业主委员会委员免管理费、停车费"等违背市场经济规律的承诺，使得行业科学发展的道路严重受阻。虽然各地一再强调任何物业都要通过招标投标的方式确定物业管理单位，但因为没有具体详尽的法规、条例作为依据，加上已有的法规、条例在执行过程中存在不同程度的不足和缺陷，更难以保证招标投标的客观、公正、公平，造成物业管理行业内部混乱无序的局面。

最后，海外兵团的入侵使物业管理市场竞争加剧。我国加入WTO后，全球贸易一体化的格局逐步形成，国外一些很有实力的物业管理机构纷纷进驻中国内地，使本就很小的物业管理市场竞争更加激烈。在深圳市住宅局的统计资料中发现，仅深圳就有240多家"洋管家"在管理着全市85%以上的高档写字楼等相对盈利的物业项目。其中，有全球最大的物业管理机构第一太平戴维斯国际物业顾问公司、英国威尔斯、德国杜斯曼、日本第一建筑服务株式会社、荷兰管家、世邦魏理仕、美国怡高等。他们不仅在全国各地设立自己的分支机构，而且从事着专业的物业管理顾问服务和清洁服务等相关经营项目，并以其卓越的物业管理服务优势和先进的管理模式，不断分割着国内的物业项目，竞争的趋势不言而喻。

3. 规范调整阶段（2003～2011年）

这一阶段是我国物业管理进入市场化、规模化发展的时期。

2003年5月28日，国务院第九次常务会议通过了《物业管理条例》，并于2003年9月1日起施行。《物业管理条例》的颁布和实施，是我国物业管理发展史上一件具有里程碑意义的大事，标志着我国物业管理进入了法制化、规范化发展的新时期。以《物业管理条例》确立的七大基本制度为基础，相继出台了一系列的配套法规政策。

2007年3月，《中华人民共和国物权法》（简称《物权法》）颁布，并于2007年5月1日起施行。《物权法》首次提出了"建筑物区分所有权"的概念，明确了业主对建筑物内的住宅、经营性用房等专有部分享有所有权，对专有部分以外的共有部分享有共有和共同管理的权利，奠定了物业管理的民事法律基础。根据《物权法》的立法宗旨及有关条款，国务院又对《物业管理条例》进行了系统地修订。各级政府及各级职能部门也根据实际情况相继出台或完善了一系列物业管理相关法规或规定。

随着我国物业管理市场培育步伐加快，物业管理招标投标项目明显增多，各项配套政策进一步完善。在这一时期，物业管理行业从先前的片面侧重"量"，向更重视"质"转化，逐步走上市场化、法制化、规模化和品牌化发展道路。

2005年11月16日，人事部和建设部联合下发《关于印发〈物业管理师制度暂行规定〉、〈物业管理师资格考试实施办法〉和〈物业管理师资格认定考试办法〉的通知》（国人部发［2005］95号）。2006年，全国物业管理师资格认定考试举行，1119名从业人员通过考试成为第一批物业管理师。2007年12月，全国首批物业管理师大会在广州举行，标志着物业管理师制度的全面推行。2010年10月，全国首次物业管理师资格考试举行。截至2013年，全国已有57204人取得物业管理师资格[①]。

经过30多年的发展，我国物业管理发展已初具规模，物业服务从商品房到保障性住房，从居住小区到办公、工业、商业、学校、医院以及交通、文化、体育等公共建筑，从单一类型物业到综合性物业，从市场化的物业服务到机关、企事业单位后勤社会化的物业服务，物业管理已覆盖不动产管理的所有领域，物业服务品质显著提高，居民满意度稳步提升，市场机制初步形成，行业自律逐步规范。

4. 转型升级阶段（2011年~今）

2011年10月22日，物业管理改革发展30年大会在改革开放的前沿城市——深圳市隆重召开，来自全国各地的1200余名物业管理人回顾和欢庆行业走过的30年风雨历程。大家一致认为，经历了30年的风雨兼程，我国物业管理的法治环境逐步建立，职业队伍正在形成，管理领域日益宽广，服务质量不断提升，服务内容日趋丰富，业主满意度和社会认知度显著提高。随着行业发展所依托的社会、经济、法制环境的变化，物业管理正呈现出提档升级的多元化发展态势。

从2008年至2012年，国务院《政府工作报告》三次提出"大力发展物业服务业"。2012年12月，国务院发布《服务业发展"十二五"规划》，提出了"十二五"期间物业服务业发展的发展目标、工作重点和保障措施。2013年，中国物业管理协会专门成立课题组，就"物业管理向现代服务业转型升级"进行研究（2013年住房城乡建设部软科学研究项目，编号2013-R4-5）。

如原中国物业管理协会会长谢家瑾所言："如果说过去的近三十年是物业管理发展的初级阶段，今后十年很可能是物业管理产业升级、行业腾飞的新阶段。我们应该倍加珍惜来之不易的发展机遇，认清行业肩负的社会责任，通过对发展规律的把握、发展理念的创新、发展方式的转变，以破解制约行业发展的难题，促进行业在新的层面上取得新的发展，为社会经济作出更大的贡献。"

物业管理作为一个新兴行业，其对我国政局稳定、经济发展、社会就业的贡献得到认可，社会地位不断提高。伴随智慧社区、互联网+、大数据等新技术的出现，物业管理行业正在面临新的挑战。

【延伸】

中国物业管理行业发展历程中的重要时刻

1. "0"的突破——深圳市物业管理公司成立

在中国物业管理发展史上，1981年3月18日绝对是一个值得大书特书的日子。那一天，中国大陆第一家物业服务企业——深圳市物业管理公司成立，它不仅完成了中国物业服务企业"0"的突破，更标志着中国物业管理行业的诞生。从此

---

① 2015年3月13日，国务院颁布《关于取消和调整一批行政审批项目等事项的决定》（国发〔2015〕11号），取消包括"物业管理师注册执业资格"在内的67项职业资格许可和认定事项。

开启了中国物业管理波澜壮阔的改革发展之路，铸就了一段新的传奇。如今，在深圳市物业管理公司所接管的第一个项目，有"深圳物业管理第一村"之称的东湖丽苑大门之前，依然镌刻着人们对于当年行业先行者的尊重与纪念。

2. "综合一体化"管理新模式在莲花二村诞生

如果说深圳市物业管理公司的成立标志着中国物业管理行业的诞生，那么深圳莲花二村在物业管理模式上的探索则意味着大陆的物业服务企业开始离开襁褓，尝试着用自己的双脚走出一条属于自己的道路。20世纪90年代初，莲花物业首创"综合一体化"管理模式和经验，引发轰动一时的"莲花效应"，并在国内物业管理行业中广泛推广，对大陆物业管理日后的发展产生了重要而深远的影响。

3. 第一部行业立法——建设部令第33号

1994年3月11日，建设部颁布了《城市新建住宅小区管理办法》（建设部令第33号），并自1994年4月1日起施行。该办法明确要求住宅小区应当逐步推行社会化、专业化的管理模式，由物业管理公司统一实施专业化管理。《城市新建住宅小区管理办法》为确立我国物业管理新体制指明了方向。

4. 新国优标准出台

1995年3月11日，建设部在原有《全国城市文明住宅小区标准》和《全国城市文明住宅小区达标考评办法（试行）》的基础上经过修订改进重新颁发了《全国优秀管理住宅小区标准》，以此为据在全国开展"全国优秀管理住宅小区"考评验收。从此，这项被称为"物业管理的奥斯卡奖"的考评奖项成了中国物业管理行业中重要的一项评价标准。企业拥有"国优"项目的多少成了衡量一个物业服务企业管理水平和服务质量的重要标准，而这样的高标准也进一步催生了国内物业服务企业对于提升自我的内在需求。

5. 第一次全国物业管理工作座谈会召开

1995年8月，建设部"第一次全国物业管理工作座谈会"在青岛召开，这是建设部第33号令施行后，首次召开的全国性的物业管理工作会议。时任建设部部长侯捷在大会发言中指出，要改变以往"重建轻管"、"建管脱节"的问题，大力推进物业管理的发展。同时他还在会上提出要加强宣传工作、加紧立法工作和加快机制转换。可以说随着这次会议的召开，当时行业中的局面为之一振，也再次吹响了物业管理发展的号角。

6. "中国物业第一标"——深圳鹿丹村首次采用招标投标的方式选聘物业企业

如果你看到当年参加深圳鹿丹村物业管理项目招标的企业名单时，你会感到一种震撼。万科物业、中航物业、中海物业、深圳长城、深圳天安、国贸物业这些如今的行业巨头当年为了鹿丹村这个项目可谓是各显神通，拼尽全力。最后中标的万科物业与第二名中海物业仅差1.24分，竞争之激烈可见一斑。从那次招标投标开始，物业管理项目公开招标投标逐渐成为业界的常态，也成了物业管理行业自我完善的重要一环。

7. "领路人"——中国物业管理协会成立

2000年,中国的物业管理行业迎来一个发展的重要时刻——中国物业管理协会在这一年正式成立。在协会成立之前,中国物业管理行业已经发展成了一个包含企业20000余家,从业人员超过200万的庞大产业。物业管理在日渐走进公众生活的同时,也开始暴露出过快发展带来的一些问题。此时的物业管理行业需要一个组织能够协调各方利益,整合多方资源,从行业的高度、宏观的视角来发现解决行业中出现的问题,应运而生的中国物业管理协会则是众多物业服务企业需要的这样一个领路人。

8.《物业管理条例》正式施行

2003年,中国物业管理行业终于有了一个属于自己的管理条例——由国务院颁布的《物业管理条例》。谢家瑾会长曾表示:《物业管理条例》的施行是我国物业管理发展历史上一件具有里程碑意义的大事,标志着我国物业管理进入了法制化、规范化发展的新时期。在条例中,就物业服务企业与业主共同关心的业主大会、前期物业管理、物业服务合同、物业服务费用、业主与物业服务公司双方的法律责任等问题都进行了详细的厘清与说明,成为物业管理发展的重要法律保障。

9.《物权法》的出台与《物业管理条例》的修订

2007年,争议多年的《物权法》终于出台,而这项旨在"明确物的归属,发挥物的效用,保护权利人的物权"的法律一经颁布,立刻在社会上引起了广泛的影响。按照《物权法》的相关精神,国务院对于之前的《物业管理条例》也进行了重新修订。新的《物业管理条例》更强调了对于业主在物业管理中所应享有的权利的保障。另外,从"物业管理企业"到"物业服务企业"的改变也透露出整个行业服务理念上的一种变化。

10. 物业服务首次进入政府工作报告

2010年3月,第十一届全国人民代表大会第三次会议在京召开。在温家宝总理的政府工作报告中,物业服务出现在了发展服务业的那一节中——"大力发展市政公用事业、房地产和物业服务、社区服务等面向民生的服务业"。其实这已经不是物业服务第一次出现在政府工作报告当中,2009年的政府工作报告中也出现过物业管理的字眼。而2011年胡锦涛总书记关于社会管理的重要讲话中,更是强调了物业服务企业与业主委员会在基层社会管理上的重要作用。物业管理行业在最高政治层面的屡次被提及,也恰恰反映了物业管理行业逐渐发展和逐渐被重视的过程。

11. 物业管理师考试开考

2010年,搁置五年的物业管理师考试重新开考。全国5.5万考生走进考场,为物业管理师的头衔共同拼搏努力。物业管理师考试的重新启动,表现出物业管理行业在发展到三十年这一时间点上,对于行业的发展动力有了更大的需求与更深远的思考。只有建立了一支经受过专业的学科教育又有丰富的实践经验的人才队伍，才有可能保证行业在下一个三十年甚至更长远的时间里具有充沛的拉动力。如果物业管理师考试能够一直坚持走下去，那么其很有可能带动中国物业管理行业走上一个新的台阶。

12．首届物业管理博览会

2016年11月29日～30日，中国首届物业管理产业博览会暨第二届中国物业管理创新发展论坛于广州盛大开幕。本次会议主题为"创新驱动、聚力发展"，重在搭建国内首个物业服务企业与物业服务供应商及物业管理上下游企业间全方位的交流与合作平台，实现企业面对面交流与精准对接，降低企业成本并提高企业管理效率，促进物业管理行业向产业化方向发展。此次博览会分别就我国物业管理行业向现代服务业转型升级中的新技术、新产品和新成果进行展示，参展商近200家，观众达1.5万人。

13．首届全国物业管理行业职业技能竞赛

2017年5月20日至21日，首届全国物业管理行业职业技能竞赛决赛在上海举行。本次技能大赛由住房城乡建设部人事司指导，中国物业管理协会、中国就业培训技术指导中心主办，中国物业管理协会设施设备技术委员会承办。本届大赛共有全国30个省、区、市和3个企业1万多名选手参与，通过各地层层预赛、选拔赛，最终产生了33个代表队，近200名参赛选手进入决赛。他们中的佼佼者经人力资源和社会保障部或住房城乡建设部核准后，将被授予"全国技术能手"和"全国住房城乡建设行业技术能手"称号。

资料来源：《城市开发·物业管理》2011年第5期，内容有增。

1.2.4 内地物业管理制度建设的历史沿革

我国内地物业管理的发展史，一定意义上是物业管理制度建设的历史。

1．物业管理制度建设的必要性

物业管理制度建设，在物业管理发展进程中之所以发挥着极其重要的作用，是由于我国内地物业管理的产生和发展，始终离不开政府主管部门的引导、推动与监督管理。在物业管理的行政监管中，政府的主要职能，就是开展制度建设，通过制定相关法律、法规和政策来实施对物业管理市场的指导和监督。与私有产权制度和市场经济体制发育更为成熟的西方国家相比，我国物业管理发展道路的一个重要特征就是：以政府为主导的制度建设，在物业管理发展进程中发挥着不可或缺的作用。

物业管理制度建设的必要性，主要体现在三个方面。

（1）以政府为主导的制度建设是弥补物业管理市场失灵的需要

物业管理有别于传统房屋管理的本质特征是市场化，理想的物业管理市场应该是物业服务产品能够完全按照市场价格自愿地以货币形式进行等价交换。然而，在我国物业管理市场的实际运作过程中，不可避免地存在三个方面的缺陷：

一是不完全竞争；二是不完全信息；三是外部性。由于这三个方面的原因，造成了价格机制在物业管理市场中不能有效地弥补资源的市场失灵。为了补救物业管理市场失灵带来的不公平和低效率，需要政府通过必要的制度建设，进行适度地行政干预和管制，以限制建设单位、物业服务企业滥用市场力量，矫正物业管理交易双方信息的不完全，激励物业管理活动的正外部性，弱化物业管理活动的负外部性。

（2）以政府为主导的制度建设是维护社会公共利益的需要

一方面，经过近30年的实践和发展，物业管理对我国社会经济的重大推动作用日益显现，逐渐成为城市管理的重要组成部分，物业管理的水平直接关系到城市管理的水平；另一方面，普通商品房、保障性住房的物业管理是政府关注的民生问题，直接关系到广大人民群众的基本生活保障和社会的和谐稳定。这两方面都决定了政府不仅仅只是从市场经济的视角看待物业管理，而且应当站在社会公共利益的高度理解物业管理。作为社会公共利益的维护者，政府有必要通过制度建设，适度介入物业管理市场，以最大限度地发挥其促进社会经济发展的功能。

（3）以政府为主导的制度建设是推进房屋管理制度转型的需要

我国当前仍处于从旧有的计划经济体制向现代的市场经济体制转轨的过程中，房屋维修养护活动由按照国家计划组织实施转为服从市场规则的支配，专门从事房屋管理服务的主体由事业单位转变为企业法人，房屋管理活动由遵循不计成本的行政命令转变为等价交换的价值规律，广大民众由无偿福利制的房屋管理观念转变为有偿市场化的物业管理理念。上述所有的转变，都需要借助政府的行政力量，才能有效地推动房屋管理向物业管理转变。房屋从公有向私有的转化和经济从计划向市场的转轨——这一有别于西方自由市场经济国家的独特路径，决定了以政府为主导的制度建设，必然成为推进我国物业管理市场化进程的重要手段。

2.《物业管理条例》颁布前的物业管理制度建设

从20世纪90年代初到《物业管理条例》颁布前，对于物业管理这一新生事物，无论国家还是地方都尝试通过制度建设加以推动和规范。这一阶段的物业管理政策法规主要体现了以下特点：一是借鉴性，主要借鉴新加坡、中国香港等地区的先进经验；二是过渡性，主要考虑传统房管模式的根深蒂固，采取渐进式的方法进行改革；三是针对性，主要是针对当时当地物业管理实践中出现的问题，选择应对性的政策和方法。

我国的物业管理制度是由国家法规政策和地方性法规政策共同组成的，下面主要对全国性的法规政策进行简要介绍。

（1）《城市新建住宅小区管理办法》

改革开放后，我国的房地产业得以发展和提升，尤其是住宅小区建设方面，通过推广"统一规划、合理布局、综合开发、配套建设"的综合开发模式，规划布局合理，配套日益完善，并呈现出数量多、规模大、建设方式多样化的特点。同时，个人购房比例的迅速增加，导致住房产权多元化格局迅速形成，原有住房维修管理体制已经难以适应情况变化的需要，业主与开发商及其维修管理机构的矛盾日益突出。

1994年3月，建设部在认真总结一些地区物业管理基本做法与经验的基础上，颁布了《城市新建住宅小区管理办法》，确立了城市新建住宅小区物业管理的新体制，指明了我国房屋管理体制改革的发展方向。《城市新建住宅小区管理办法》是我国第一部系统规范物业管理制度的文件，是推动全国全面开展物业管理活动的基石，对我国建立物业管理活动秩序产生了重大影响。其中，其明确规定了以下主要内容：①物业管理工作的基本内容；②物业管理活动的主管部门；③推行社会化、专业化的物业管理模式；④实行物业管理委员会制度；⑤物业管理委员会的权利与义务；⑥物业管理公司的权利与义务；⑦实行物业管理合同制度与备案制度；⑧对业主的违规行为的监管措施；⑨对物业管理公司的违规行为的行政处罚措施。

（2）全国物业管理示范项目考评标准

1995年3月，为贯彻《城市新建住宅小区管理办法》，提高城市住宅小区的整体管理水平，推动社会化、专业化的物业管理进程，建设部印发了《全国优秀管理住宅小区标准》。之后，又相继于1997年4月印发了《全国城市物业管理优秀大厦标准及评分细则》，于2000年5月印发了《关于修订全国物业管理示范住宅小区（大厦、工业区）标准及有关考评验收工作的通知》。

物业管理国家示范项目考评工作，规范了物业管理行为，提升了物业服务质量，成为物业服务业树立品牌标本、完善优胜劣汰激励机制的重要手段，不仅有助于政府加强市场监管，推动物业服务业发展，而且有助于改善物业服务企业与业主的关系，营造幸福文明的社区环境。

（3）《城市住宅小区物业管理服务收费暂行办法》

1996年3月，为规范物业服务企业的服务收费行为，保护消费者的正当权益，国家计委和建设部联合下发了《城市住宅小区物业管理服务收费暂行办法》。该办法对城市住宅小区物业管理服务收费的主管部门、基本原则、收费形式、物业管理服务费用的构成、代办性质的服务收费管理，以及行政处罚措施等内容，都作了明确规定。该办法还要求，各级政府物价部门会同物业管理行政主管部门加强对物业管理服务收费的监督和指导。该办法的实施，对维护物业管理收费秩序发挥了作用。

（4）《物业管理企业财务管理规定》

1998年3月，为规范物业服务企业财务核算行为，促进企业公平竞争，加强财务管理和经济核算，财政部颁布了《物业管理企业财务管理规定》，该规定结合物业服务企业的特点及其管理要求，从代管基金、成本、费用、营业收入和利润等方面具体规范了物业管理企业的财务管理行为。

（5）《住宅共用部位共用设施设备维修基金管理办法》

1998年11月，为保障住房售后的维修管理，维护住房产权人和使用人的共同利益，建设部、财政部印发了《住宅共用部位共用设施设备维修基金管理办法》。该办法规定：商品住房和公有住房出售后，都应当建立住宅共用部位共用设施设备维修基金，专项用于保修期满后的大修、更新和改造。为了保证维修基金的安全，该办法规定维修基金应当专户存储、专款专用，严禁挪作他用，还详细规定维修基金的缴交、代管和监管等方面的内容。

（6）《物业管理企业资质管理试行办法》

1999年10月，为规范物业管理市场秩序，加强对物业管理企业经营活动的管理，建设部印发了《物业管理企业资质管理试行办法》，要求从事物业管理的企业必须按照该规定，申请企业资质评定，作为市场准入的条件。该办法对于政府加强行业管理，规范物业管理市场起到了积极作用。

（7）《住宅室内装饰装修管理办法》

2002年3月，为加强住宅室内装饰装修管理，保证装饰装修工程质量和安全，维护公共安全和公共利益，建设部发布了《住宅室内装饰装修管理办法》。该办法明示了装饰装修活动的禁止行为，明确了装修人、装饰装修企业、物业管理单位以及相关行政管理部门在装饰装修活动中的法律关系和法律责任，规定了装饰装修管理服务协议和装饰装修合同的主要内容，该办法是物业服务企业规范业主装饰装修行为的主要政策依据。

3.《物业管理条例》颁布后的物业管理制度建设

2003年6月8日，国务院正式颁布《物业管理条例》，标志着我国物业管理法制建设进入新阶段。《物业管理条例》颁布后，国务院有关部门和地方各级政府及房地产主管部门纷纷开展相关政策的立、改、废工作，全国上下掀起物业管理制度建设的高潮。

这一阶段物业管理政策法规主要体现出以下特点：一是配套性，主要是以《物业管理条例》的配套性文件和实施细则的方式出现，以贯彻落实《物业管理条例》为基本指针；二是经验性，主要是总结物业管理实践的经验教训，有针对性地作出制度安排；三是操作性，主要是将《物业管理条例》中的基本制度和原则规定予以细化，使其在现实操作层面上得以实施。

以下是《物业管理条例》颁布后制定的全国性政策法规。

（1）《业主大会规程》

2003年6月26日，为了规范业主大会的活动，保障民主决策，维护业主的合法权益，建设部发布《业主大会规程》（建住房〔2003〕131号）。该规程中明确，业主大会应当代表和维护物业管理区域内全体业主在物业管理活动中的合法权益，一个物业管理区域只能成立一个业主大会。

（2）《前期物业管理招标投标管理暂行办法》

2003年6月26日，为了规范物业管理招标投标活动，保护招标投标当事人的合法权益，促进物业管理市场的公平竞争，建设部发布《前期物业管理招标投标管理暂行办法》（建住房〔2003〕130号）。办法明确，住宅及同一物业管理区域内非住宅的建设单位，应当通过招投标的方式选聘具有相应资质的物业管理企业。办法对前期物业管理招标、投标和开标、中标的方式、内容和过程等均作出了明确约束。

（3）物业服务收费制度

2003年11月13日，国家发展改革委、建设部发布《物业服务收费管理办法》（发改价格〔2003〕1864号）。办法指出，国家提倡业主通过公开、公平、公正的市场竞争机制选择物业管理企业，鼓励物业管理企业开展正当的价格竞争，物业服务收费应当遵循合理、公开以及费用与服务水平相适应的原则。办法还规定了物业服务收费应当区分不同物业的性质和特点分别实行政府指导价和市场调节价。

2004年7月19日，国家发展改革委、建设部又联合发布《物业服务收费明码标价规定》（发改价检〔2004〕1428号），进一步规范物业服务收费行为，提高物业业务收费透明度。

（4）《物业管理企业资质管理办法》

2004年3月17日，为了加强对物业管理活动的监督管理，规范物业管理市场秩序，提高物业管理服务水平，建设部发布《物业管理企业资质管理办法》（建设部令第125号）。本办法将物业管理企业资质等级分为一、二、三级，并从注册资本、专业人员、管理物业类型与规模、企业管理制度与业绩四个方面明确了各级资质物业管理企业应达到的标准。

（5）《前期物业服务合同（示范文本）》

2004年9月6日，为规范前期物业管理活动，引导前期物业管理活动当事人通过合同明确各自的权利与义务，减少物业管理纠纷，建设部发布《前期物业服务合同（示范文本）》（建住房〔2004〕155号），供建设单位与物业管理企业签约参考使用。

（6）《业主临时公约（示范文本）》

2004年9月6日，建设部发布《业主临时公约（示范文本）》（建住房〔2004〕156号），供建设单位参考使用。

（7）物业管理师制度

2005年11月16日，为了规范物业管理行为，提高物业管理专业管理人员素质，维护房屋所有权人及使用人的利益，人事部、建设部联合发布《物业管理师制度暂行规定》、《物业管理师资格考试实施办法》和《物业管理师资格认定考试办法》（国人部发〔2005〕95号）。《物业管理师制度暂行规定》指出，国家对从事物业管理工作的专业管理人员，实行职业准入制度，纳入全国专业技术人员职业资格证书制度统一规划。物业管理师资格实行全国统一大纲、统一命题的考试制度，原则上每年举行一次。

4.《物权法》颁布后的物业管理制度建设

2007年3月16日，第十届全国人民代表大会五次会议通过《中华人民共和国物权法》。作为我国基本的财产法律制度，《物权法》对我国宪法规定的公民财产权利提供了实体法保障，有利于维护社会主义市场经济秩序。《物权法》第六章"业主的建筑物区分所有权"的有关内容，对业主共同管理建筑物及其附属设施中的权利义务作出了具体规定。为维护国家法律制度的统一，根据《物权法》第六章的有关规定，国务院于2007年8月公布了《关于修改〈物业管理条例〉的决定》。与此同时，以《物权法》为指针，物业管理的政策法规开始了新一轮的修改和完善。

这一阶段物业管理政策法规主要体现以下特点：一是协调性，主要是强调制度建设要与上位法保持一致，以避免法律适用的冲突，保证国家法制统一；二是引导性，主要是政府从改善民生和发展经济出发，着力制定指导和支持物业服务业发展的产业政策；三是创新性，主要是在总结物业管理发展30年经验基础上，进行符合市场规律和行业特征的制度创新。

《物权法》颁布后，主要制定了以下全国性的物业管理政策法规：

（1）2007年9月，国家发展改革委、建设部发布《物业服务定价成本监审办法》；

（2）2007年12月，建设部、财政部发布《住宅专项维修资金管理办法》；

（3）2009年9月，最高人民法院发布《关于审理建筑物区分所有权纠纷案件具体应用法律若干问题的解释》和《关于审理物业服务纠纷案件具体应用法律若干问题的解释》；

（4）2009年12月，住房城乡建设部发布《业主大会和业主委员会指导规则》；

（5）2010年10月，住房城乡建设部发布《物业承接查验办法》；

（6）2014年1月，住房城乡建设部发布《物业管理师继续教育暂行办法》。

应当肯定的是，在20年的时间里，物业管理法制建设的成就有目共睹。截至2013年年底，全国有60多个省、自治区和城市进行了物业管理专门立法，其中地方性法规38个，地方政府规章22个，制定相关规范性文件上千个。一个内容全面、结构合理、科学规范、特色鲜明的物业管理法规体系已初步形成。

1.2.5 我国物业管理行业的发展现状

目前，我国经济正在向形态更高级、分工更复杂、结构更合理的阶段演化。经济发展进入新常态，增长速度从高速增长转为中高速增长；经济结构不断优化升级，第三产业消费需求逐步成为主体；增长动力从要素驱动、投资驱动转向创新驱动。坚持以提高经济发展质量和效益为中心，把转方式调结构放到更加重要的位置，促进经济持续健康发展和社会和谐稳定，是新时期经济工作的总基调。经济发展仍处于重要的战略机遇期，发展高附加值的现代服务业成为经济发展新的增长点。

作为现代服务业的组成部分，物业管理行业在经济新常态下呈现出新的发展趋势，得到各方面关注。万科物业、绿城物业、长城物业、彩生活物业、上房物业、龙湖物业、蓝光嘉宝、民召物业等一批品牌物业服务企业在商业模式、服务方式、管理方法上创新与转型的经验，带动了更多的企业认识到行业向现代服务业转型升级的紧迫性，并积极参与到行业持续发展的创新探索与实践中，取得了可喜的社会效益和经济效益。

然而，不能回避的是，客观上行业总体还处于低水平运行状态。物业服务企业盈利空间相对狭窄，服务内容和质量与广大业主的需求相比还存在一定差距。引入新技术、新业态和新方式，开创新的商业模式，提高物业管理的技术含量和产品附加值，实现从传统服务业向集约型现代服务业的转变，是物业管理科学发展的必然选择。

1. 我国物业管理行业发展环境

我国物业管理行业无论是政策环境，还是市场环境，都发生了深刻变化。

（1）政策环境

2014年12月，国家发展和改革委员会印发《关于放开部分服务价格意见的通知》，要求放开非保障性住房物业服务和住宅小区停车服务价格，表明行业在全面深化改革道路上更进一步，对行业逐步建立并完善市场引导机制、运作机制和监督机制具有重要意义。2015年，李克强总理在政府工作报告中指出，要深化服务业改革开放，促进服务业加快发展，促进服务业和战略性新兴产业比重提高、水平提升，优化经济发展空间格局，加快培育新的增长点和增长极，实现在发展中升级、在升级中发展。国务院《关于积极推进"互联网+"行动的指导意见》提出，充分发挥"互联网+"对稳增长、促改革、调结构、惠民生、防风险的重要作用；推动跨区域、跨领域的技术成果转移和协同创新；发展便民服务新业态，发展社区经济，在餐饮、娱乐、家政等领域培育线上线下结合的社区服务新模式。上述政策所产生的叠加效应，为物业管理实行"互联网+"提供了有力的政策依据和发展空间。物业管理行业开始了"互联网+"时代的创新旅程。

（2）市场环境

一是行业发展前景广阔。一方面，我国房地产市场持续发展，国家新型城镇化规划推进实施，为新型城市群建设注入活力。据国家统计局数据显示，2012～2014年连续三年全国房屋竣工量高达10亿m²左右；部分地区政府推行物业管理全覆盖，大量住宅区逐步引入物业管理。增量房、存量房以及老旧住宅区为物业管理行业提供了巨大的市场空间。另一方面，物业服务用户趋于成熟。用户对物业服务尤其是优质物业服务的购买意愿显著增强，部分物业服务企业基于用户多元化、个性化需求产生的非主营业务收入已超过物业服务主营业务收入。国家统计局发布的《2014年国民经济和社会发展统计公报》显示，2014年全年劳动生产率比上年提高7%，人均GDP增速提高；全年全国居民人均可支配收入比上年增长10.1%，同期居民价格消费指数增势放缓，扣除价格因素，人均可支配收入实际增长8.0%，居民购买力持续增强。

二是"互联网+物业"成为发挥资本、互联网、物业管理各自优势，整合线上线下资源的产业融合新业态。互联网特别是移动互联网的出现，促成了"网上支付消费"和"社区O2O消费"两个巨大的服务消费市场。物业服务企业处在社会和社区的节点上，贴近社区的资源和用户，与社区基层组织、周边商业圈关联度高，在最后一公里乃至最后一百米内，成为社区资源的隐形掌握者。

三是资本市场改革和完善持续推进，尤其是新三板（中小企业股份转让系统）的扩容、地方股权交易中心的建立，促进物业管理行业形成了快速发展的新格局。彩生活物业在港交所主板上市，北京东光、浙江开元、珠海丹田、青岛华仁、河南索克、克拉玛依城投鹏基等物业服务企业先后在新三板上市。物业服务企业通过融资，在行业内开展收购、兼并、重组，有力助推了企业规模的扩张和资源的整合。投资型企业与物业服务企业的业务融合，如中国平安人寿出资50亿元人民币收购碧桂园9.9%股权，在社区金融领域展开合作，满足住户金融需求，实现了企业业务种类和盈利点的增加。资本已经成为促进行业提速换挡、创新发展的重要驱动力。

2. 我国物业服务企业发展现状

近几年，物业服务企业积极应对管理成本攀升，从业队伍人才匮乏，经营理念滞后，管理方式粗放，地域发展不平衡，市场机制不完善等行业发展过程中存在的阶段性问题，行业整体得到快速发展。

（1）基础服务。基础物业服务是物业服务企业生存的核心要素，行业处于任何发展阶段都不能忽视。在全行业的共同努力下，基础服务水平有较大提升。一是服务理念端正，行业普遍认识到基础服务的重要性，各地行业主管部门、协会和物业服务企业纷纷开展"物业服务质量提升年"活动，宣传并实践"固本"、"守正"的经营理念，认真做好物业管理本职工作。二是服务技能提升，企业越来越意识到行业设施设备管理的核心价值，注重技术能力的培训提升和先进设备体系的引入；广东、辽宁、合肥等地纷纷开展行业技能大比武，引导提高基础服务技能。三是服务品质提高，关注物业服务用户体验，增强与用户的交流互动，精细管理的同时简化服务流程。物业服务企业业主满意度不断提高。扎实的基本功带来了经济效益和社会效益的外溢，物业管理行业在协助维护社会稳定、处理社会突发事件和抗击自然灾害中所发挥的重要作用，得到了社会的高度评价。

（2）管理规模。截至2014年底，全国31个省市自治区物业管理面积约为164.5亿m²，在管规模持续扩大。从区域分布来看，经济较发达的东部地区在物业管理规模方面依然走在全国前列，约占全国管理面积的44.5%；中部物业管理规模快速增长，约占全国的23%；东北部和西部地区占比与2012年持平。

（3）企业数量。截至2014年底，全国物业服务企业约10.5万家。从区域分布来看，东部地区物业服务企业数量仍远高于其他地区。四大区域里，东部地区物业服务企业约4.8万家，约占全国物业服务企业的44%；中部地区约2.5万家，约占全国的22.8%；西部地区约2.8万家，约占全国的25.4%；东北部地区约0.9万家，约占全国的7.8%。企业数量不但在增长，服务质量也在相互竞争。2015年发布的综合实力Top 20企业可见表1-1。

（4）经营收入。全国物业服务企业2014年经营总收入约为3500亿元。一方面物业在管面积持续增加，主营业务收入稳步增长；另一方面物业服务企业在互联时代拓展多元营收渠道，行业经营总收入实现了较大程度的上涨。

（5）从业人员。截至2014年底，物业管理行业从业人员约为711.2万人。物业管理行业发展地域差异仍较为突出。东部地区物业管理行业从业人员约353.2万人，约占全国从业人员的49.7%；中部地区约136.8万，约占全国的19.2%；西部地区约179.6万人，约占全国的25.2%；东北部地区约41.6万，约占全国的5.9%。

（6）商业模式。物业服务企业一直积极创新商业模式，并成功取得新进展。最具代表性的是，彩生活以3.3亿元收购深圳开元国际100%股权，此次并购增强了彩生活在中高端社区物业管理方面的实力，彩生活社区O2O增加30多万户家庭、100多万用户，涉及超过130个物业管理项目。万科物业向行业输出"睿服务"解决方案，先后与金隅集团、北京首创置业等企业签约合作，全面进入市场化发展轨道。截至2015年6月底，长城一应云联盟伙伴已达到75家企业，覆盖全国1500多个物业管理项目，服务面积超过3.3亿m²，一应云平台聚合了约320万户家庭，超过1000万人口。通过并购、联盟，扩大管理规模，增加服务客户数量，有利于发挥集约和规模效应，增加经营性收入，推动行业快速发展。

【资料】

2015 年中国物业企业综合实力 TOP20 强企业名单　　表 1-1

排名	单位名称	排名	单位名称
1	万科物业发展有限公司	11	华润置地（北京）物业服务有限公司
2	绿城物业服务集团有限公司	12	深圳市金地物业管理有限公司
3	保利物业管理有限公司	13	河北卓达物业服务有限公司
4	彩生活服务集团有限公司	14	招商局物业管理有限公司
5	广东碧桂园物业服务有限公司	15	佳兆业物业管理（深圳）有限公司
6	中海物业管理有限公司	16	鑫苑物业服务有限公司
7	长城物业集团股份有限公司	17	万达物业管理有限公司
8	重庆新龙湖物业服务有限公司	18	四川嘉宝资产管理集团有限公司
9	中航物业管理有限公司	19	上海锐翔上房物业管理有限公司
10	北京首开鸿城实业有限公司	20	上海东湖物业管理有限公司

资料来源：中国物业管理协会官网 http://www.ecpmi.org.cn/.

1.3　物业管理与房地产业的关系

1.3.1　房地产业简介

房地产又称不动产，国外通常称为"real estate"或"real property"，是指房屋和土地两种财产的合称。随着商品经济的发展和城市化进程的加快，土地、房屋这种具有自然属性的物品逐渐变成了具有经济社会属性的商品，从而使有关房地产的一系列活动作为一个产业营运而生。把房地产作为一个独立的产业部门划入第三产业是各国的惯例。我国是在20世纪80年代中期开始引入三次产业的分类方法，根据有关规定，房地产业属于第三产业的第二层次。房地产业是指从事房地产开发、经营、管理和服务等经济实体所组成的产业部门。房地产业运行的全过程可以分为生产、流通和消费三个环节，而房地产开发几乎涉及了房地产业运行的整个过程。

房地产开发是指在依法取得国有土地使用权的土地上，按照城市规划要求进行基础设施、房屋建设的行为。因此，取得国有土地使用权是房地产开发的前提，而房地产开发也并非仅限于房屋建设或者商品房屋的开发，而是包括土地开发和房屋开发在内的开发经营活动。简言之，房地产开发是指在依法取得国有土地使用权的土地上进行基础设施、房屋建设的行为。房地产开发与城市规划紧密相关，是城市建设规划的有机组成部分。为了确定城市的规模和发展方向实现城市的经济和社会发展目标，必须合理地制定城市规划和进行城市建设以适应社会主义现代化建设的需要。

虽然我国的房地产业起步较晚，但房地产市场的运行正逐步走向规范，工程建设市场不断在完善，对加强建筑物全生命信息化管理的要求也日益迫切。那么，这将涉及一个重要的概念，即建筑物全生命周期。首先，生命周期是指一种产品从原料开采开始，经过原料加工、产品制造、产品包装、运输和销售，然后由消费者使用、回收和维修，最终再循环或作为废弃物处理和处置，整个过程称为产品的生命周期。资源消耗和环境污染物的排放在每个阶段都可能发生，因此污染预防和资源控制也应贯穿于产品生命周期的各个阶段。由此产生了生命周期评价（Life Cycle Assessment，LCA），其目的是对某种产品或某项生产活动从原料开采、加工到最终处置，即整个生命周期（"从摇篮到坟墓"）环境影响和资源消耗的评价。生命周期评价作为一种环境管理工具，不仅对当前的环境冲突进行有效地、定量化地分析、评价，而且对产品及其"从摇篮到坟墓"的全过程所涉及的环境问题进行评价，因而是"面向产品环境管理"的重要支持工具。它既可用于企业产品开发与设计，又可有效地支持政府环境管理部门的环境政策制定，同时也可提供明确的产品环境标志从而指导消费者的环境产品消费行为。因此当前国际社会各个层次都十分关注生命周期评价方法的发展和应用。

生命周期评价是对所有输入与输出产品和整个生命阶段产品系统对环境潜在影响的评价。输入的可以是进入该过程的物质或能量，输出的是离开该系统的物质或能量。生命周期评价将能帮助使用者以数量的形式表明对环境的影响，以便于从环境角度出发，对产品作出正确的决策和选择。目前，在建筑领域许多国家和组织都已采用生命周期评价进行可持续建筑设计、建造、建筑产品生产及管理的决策。建筑物生命周期评价的主要目的在于通过对建筑物整个生命周期各个环节环境影响大小的定量分析，找出环境影响较大的因素，寻求变革生产工艺的出发点和实行生态设计的现实依据，从而改善整个建筑产品系统的环境性能。

对于建筑项目，研究人员提出其整个生命周期的范围大致都是确定在设计、施工、使用、拆除及建筑垃圾处理等几个阶段。同时，在这几个过程之前，还应该考虑建筑材料的原料采集、生产和运输等处于建设项目上游的过程。因而，评价建筑项目生命过程应该按照开放链状形式进行，即：原料采集→中间产品生产→产品运输和规划设计→施工建造→使用维护→报废拆除。那么在整个建筑项目生产过程中，中间的使用维护则是持续时间最长，消耗比重较大的部分。而对这一部分的关注，则是物业服务企业和物业从业人员应该多加留意的。

1.3.2 物业管理在房地产业开发中的地位

物业管理实质上是房地产综合开发的延伸，是一个社会化和专业化的服务行业。房地产经营管理侧重于物业的开发建设，而物业管理则侧重于物业的维护、保养以及对环境的绿化和对物业住有人的服务。作为房地产商品消费环节的物业管理服务，不仅仅是房地产投资、开发、建设、流通的自然延续，而且是一个重要的新兴行业。目前，不管是发达国家的房地产业发展经验，还是我国改革开放的社会实践都表明，建立健全并完善一个机能健康、运行良好的物业管理行业，不但是衡量房地产业成熟程度的重要标志，而且对房地产的发展也具有一定的促进作用。

房地产开发最终是为了满足社会和人们的需求，开发建设的理想境界是实现人与自然、人与物、人与人的和谐。物业管理既是房地产开发的延续，也是开发建设的完善，在房地产业的整个产业链条中起着不可替代的作用。

（1）人与自然的和谐——"天人合一"理念。一方面，人在自然界中生存和活动，必须处理好人与自然的关系，确保人与自然的和谐，才能实现可持续发展。房地产开发项目在规划、设计过程中都会考虑到这一原则，但可能会有考虑不周全之处。另一方面，自然界的不断变化、社会经济的发展、科技水平的提高，又会对现存的事物提出新的更高的要求。因此，需要通过科学的物业管理，弥补物业先天的不足，满足人们不断提高的使用需求，确保人与自然最大程度的和谐。

（2）人与物的和谐——"物为人用"原则。建筑物的建设目的是为人们提供居住生活、工作、生产以及经营的场所，即物为人用。这是房地产开发与物业管理必须时刻把握、遵循的重要原则。建筑是遗憾的艺术，在规划、设计、施工过程中难免留下各种各样的不足与缺陷，给建筑物日后的使用、管理带来不便。如何在建成物业现有的客观条件下，通过日后的管理加以弥补和完善，提高建筑物的品质，是物业管理的任务。此外，物业的使用期很长，随着时间的推移，建筑物及其设施设备会有损坏，逐渐破旧，功能上可能达不到原设计标准。完善的物业管理，可以使物业始终保持良好的使用状态，满足人们的使用需求。

（3）人与人的和谐——群体生活、工作的要求。现代社会是群体社会，无论居住小区，还是写字楼、办公楼，都是人群聚集的场所，大家在一起共同生活、工作。由于群体内人与人之间的种种差异，必然会产生方方面面的碰撞与不和谐。妥善处理、协调好这些不和谐，是群体生活、工作的基本前提和要求。首先，需要有一个共同认可的"游戏规则"（大至法律、法规，小至管理规约）；其次，需要一个大家认可并委托的"第三者"的参与，即物业服务企业通过受托实施物业管理。从这个意义上讲，物业管理实际上是协调处理公共事物（如共用部位、共用设施设备的维护管理）、公共关系（邻里关系等）、公共行为（如小区内的一些禁止行为等）的一门学问和工作。

1.3.3 物业管理对房地产业的促进作用

物业管理作为房地产开发经营的派生和延续，其管理与服务质量的好坏，将直接影响房地产开发经营的前景。物业管理对房地产经营的影响主要有以下几点。

（1）良好的物业管理有利于房地产的销售推广。随着人们生活水平的提高，人们对工作环境和居住环境越来越关注。良好的物业管理可以给人们带来舒适、优美、安全的工作和居住环境，从而可以提升物业的住用品质，促进物业的销售推广。

（2）良好的物业管理有利于实现物业的保值升值。从财富积累的角度来看，良好的物业管理可以延长物业的使用寿命，充分发挥物业的使用价值。缺乏良好的物业管理常导致物业内部设施运行不良，加速物业物理损耗的速度，使物业使用价值超前消耗，造成财富的巨大浪费。

（3）良好的物业管理有利于房地产市场的发展完善。物业管理的社会化和专业化的良性发展，是和房地产综合开发的经济体制改革相适应的，它使房地产开发、经营、服务有机地结合起来，具有繁荣和完善房地产市场的作用。

（4）良好的物业管理有利于提高房地产开发企业的声誉和品牌价值。良好的物业管理能充分发挥物业设施及环境效益的整体功能，促进人居环境的改善，从而有助于人际关系的融洽。优质的物业管理能够消除业主和租用人的后顾之忧，增强他们对房地产开发企业的信心。优良的物业服务质量，本身即为房地产开发企业树立了良好的公众形象，成为其最实惠的产品和企业广告。

【延伸】

国际地产服务"五大行"

1．第一太平戴维斯（Savills）

第一太平戴维斯（Savills）创立于1855年，是一家在伦敦股票交易所上市的全球领先的房地产服务提供商。Savills在全球设有超过700个办公网点，共有超过

3万名员工。Savills的咨询业务涵盖了住宅房产、办公用房、工业厂房、零售业房产、医疗房产、郊区房产、酒店及多功能房产。

20世纪80年代后期，Savills进入中国市场，在上海、北京、台湾等多个地区建立办事网络，为开发商、业主、租户和投资商提供服务。服务内容包括在写字楼、商铺及地产投资领域的顾问服务、设施管理、空间规划、公司房地产服务、物业管理、资产管理、租赁、评估及销售等。

公司官网：http://www.savills.com.cn。

2．仲量联行（Jones Lang LaSalle）

仲量联行（Jones Lang LaSalle，纽约证交所交易代码JLL）创建于1783年，历史跨越200多年。公司专注于房地产领域的专业服务和投资管理，为客户持有、租用和投资房地产的决策实现增值。仲量联行是《财富》500强上榜企业，业务遍及全球80个国家，拥有逾280个分公司，员工总数超过60000人。

仲量联行在亚太地区开展业务超过50年。公司目前在亚太地区的16个国家拥有92个分公司，员工总数超过33000人。在大中华区，仲量联行目前拥有超过2200名专业人员及14000名驻场员工，所提供的专业房地产服务遍及全国80多个城市。

公司官网：http://www.jll.com。

3．世邦魏理仕（CB Richard Ellis）

世邦魏理仕（CB Richard Ellis，CBRE）总部位于美国加利福尼亚州洛杉矶，纽约证券交易所代号CBG，是财富500强和标准普尔500强企业。CBRE以房地产顾问服务为主业，包括研究分析、策略顾问、物业估值、买卖与租赁、投资、物业与资产管理等。

世邦公司1906年成立于美国旧金山，到1940年发展成为美国最大的商业物业顾问公司；魏理仕公司于1773年成立于英国伦敦，业务遍布世界各地。1988年4月，两家公司合并成立了世邦魏理仕，因而欧洲和北美许多大公司都是其长期客户。CBRE在亚洲地区拥有超过50个办事处的业务网络。

1978年，CBRE在香港设立办事处，在中国大陆的业务则始于1988年。经过多年来的发展，CBRE在大中华地区设有北京、上海、香港及台北等16家分公司，建立了13家项目办事处，业务遍及大中华地区的100多个城市。

公司官网：http://www.cbre.com.cn。

4．戴德梁行（DTZ）

戴德梁行（DTZ）的成立可追溯至1784年。当时，其中一家参与合资组成DTZ的 Chesshire Gibson 公司于英国伯明翰正式开业。DTZ集团母公司Debenham, Tewson & Chinnocks Holdings plc于1987年在伦敦交易所上市。1993年，梁振英测量师行分别与法国的Jean Thouard 及在德国和荷兰的Zadelhoff Group组成合资公司，重新取名DTZ。1999年，DTZ 与位于亚洲的梁振英测量师行和Edmund Tie & Co交换股权，DTZ戴德梁行正式成立。2015年，DTZ与Cushman &

Wakefield合并，新公司在大中华地区以"戴德梁行"统一品牌运营。戴德梁行遍布全球60多个国家、120个城市，员工达43000人，年营业收入达50亿美元。

1993年，DTZ成立上海分公司，是最早进入中国大陆市场的国际物业顾问公司，目前业务网络覆盖北京、香港、台北等19个城市，戴德梁行的全球地产专业服务范围包括：环球企业服务、研究及顾问、物业管理、酒店管理和顾问服务、设施管理、估价及顾问、物业投资、写字楼代理、商铺顾问及代理服务、工业房地产投资服务、住宅服务、建筑顾问。

公司官网：http://www.dtzcushwake.com。

5. 高力国际（Colliers International）

高力国际（Colliers International，NASDAQ：CIGI，TSX：CIG）的历史可追溯至1898年，当时有一间名为Macaulay Nicolls的代理公司于加拿大温哥华成立，专门从事房地产、物业管理及保险业务。至今，高力国际已发展成庞大的跨国集团，在全球66个国家设有逾554个办事处，专业人才超过16000人，物业管理面积20亿平方英尺。现总部位于美国华盛顿州西雅图市。

2010年，高力国际与First Service Real Estate Advisors公司结合，并在其控股公司，亦是全球最大的房地产管理企业First Service Corporation管理下运营，向世界各地的房地产用户、业主和投资者，提供全方位卓越服务。业务范围包括：全球企业咨询顾问服务、经纪、物业和资产管理、酒店投资的销售和咨询、估值、咨询和评估服务、银行按揭业务及研究。

高力国际自1989年进入中国市场，目前在上海、北京等11个城市设有分公司，驻场办事处覆盖全国超过70个城市，员工5000人，物业管理面积超过4900万平方米。

公司官网：http://www.colliers.com/zh-cn/china。

1.4 物业管理行业在国民经济中的地位

根据我国2004年以来的两次全国经济普查结果，可以看出我国物业管理行业近几年两个阶段的不同发展状态。

第一个阶段：我国第二次全国经济普查结果，物业管理相关数据在我国第三产业的主要数据中表现不俗：2008年物业服务企业在管房屋建筑面积是1254632.2万m²，比2004年的288252万m²增长了335%；2008年末物业服务企业58406个，比2004年末增加26724个，增长84%；从业人员2501195人，比2004年末增加106.7万人，增长74%；主营业务收入2076.7亿元，比2004年末增加1394.7亿元，增长204.5%。

自2004年以来，短短4年间，经济普查的数据清晰地梳理出了物业管理行业快速成长的脉络。就企业数量和从业人员的角度来看，58406个物业服务企业解决了250多万人的就业问题。对比来看，至2008年末，全国铁路运输业共有企业法人单位252个，从业人员179.3万人；邮政业的企业法人单位4387个，从业人员78.4万人。而全国铁路运输业和邮政业历经多年发展，一度在第三产业中占据重要地位。到今天，物业管理这个年轻的行业后来居上，超越了传统的优势服务行业。

就房地产业链条上来讲，物业管理的发展也远远超出了房地产中介服务、其他房地产的发展，企业数量和就业人数远远超出了后者，物业管理——这个当年曾经的开发企业的"小弟"正在长大，且其在房地产业链上的地位日益重要和凸显（见表1-2、表1-3、表1-4）。

2008 年铁路运输及邮政业企业法人单位和从业人员　　　表1-2

行业类型	企业法人单位（个）	从业人员（万人）
铁路运输业	252	179.3
邮政业	4387	78.4

2008 年房地产业企业单位数量统计（个）　　　表1-3

房地产业企业总数	房地产开发	物业管理	中介服务	其他房地产
214397	87881	58406	33890	34220

2008 年房地产业企业单位从业人员统计（人）　　　表1-4

房地产业从业人员总数	房地产开发	物业管理	中介服务	其他房地产
5521990	2077214	2501195	374302	569279

透过经济普查的数据，前中国物业管理协会会长谢家瑾将中国物业管理行业的贡献归结为四个重要方面。其一，对GDP的贡献；其二，增加就业、安置剩余劳动力；其三，改善人居环境和提高城市管理水平，促进社会资产保值增值；其四，构建和谐社会、维护社会稳定。诚如谢家瑾所言，一个行业，有为才有位。发展不到30年的物业管理行业在全国经济普查中被重视和凸显，这无疑源自行业对于国计民生作出的贡献。

从经济普查数据来看，2008年，我国房地产企业的主营业务收入30586.5亿元。其中，物业服务企业2076.7亿元，中介服务业572.4亿元，其他房地产1243.2亿元。物业管理远远超过中介服务业和其他房地产。

对比其他服务业来说，2008年，旅游饭店主营业务收入2071.5亿元；文化、体育和娱乐业主营业务收入1956.0亿元。旅游饭店与文化、体育和娱乐业也曾经是第三产业中的黄金产业，而如今，一个发展不到30年的行业能够与这些产业在收入上比肩或超出，充分显示了物业管理行业扎根于国计民生的蓬勃生命力（见表1-5、表1-6）。

2008 年房地产业企业主营业务收入情况（亿元）　　表1-5

房地产业主营业务总体收入	房地产开发	物业管理	中介服务	其他房地产
30586.5	26694.2	2076.7	572.4	1243.2

2008 年旅游饭店与文化、体育和娱乐业主营业务收入（亿元）　表1-6

行业类型	主营业务收入
旅游饭店业	2071.5
文化、体育和娱乐业	1956

数据来源：表 1-2 ~ 1-6 数据均来自国家统计局官网，http://www.stats.gov.cn/。

　　另外，物业管理行业也为我国的再就业问题作出了突出贡献。中国现阶段的物业管理尚属于劳动密集型产业，就业容量大，吸纳劳动力能力强。据有关资料统计，80%以上的物业管理员工来自城市企业、事业单位下岗分流人员、部队复员转业军人以及农村剩余劳动力。物业管理从业人员经过培训后物业管理行业，其中，10%左右的人员从事物业管理工作；20%左右的人员从事房屋及相关设备、设施管理工作；40%左右的人员从事保安工作；30%左右的人员从事环境清洁、绿化养护以及居民生活服务工作。据保守估计，今后十几年内，城镇每年要建7亿m²的住宅，按普通住宅每2000m²、高档住宅每1000m²安排一人就业计算，仅新建住宅物业管理每年就可安排45万 ~ 50万人就业。

　　第二个阶段：从我国第三次全国经济普查结果看，2013年末，物业服务企业 10.5 万家，比 2008 年末增加4.66万家，增长79.8%，高于全国法人单位数量52.9%的增长速度。物业服务企业数量占全国房地产业企业33.8万个法人单位的31%，占全国二、三产业法人单位的1%。

　　物业服务企业从业人员411.6万人，比2008年末增加161.5万人，增长63.9%，高于全国从业人员数量30.4%的增长速度。物业服务企业从业人员占房地产业企业877.2万从业人员的47%，占全国二、三产业从业人员的1.16%。按照分析，如果加上清洁、绿化、秩序维护等专业分包的一并计算，物业服务从业人员应该在600万 ~ 700万人。

　　物业服务企业总资产为13667.7亿元，比2008年增长119%，分别低于房地产开发企业（474567.4亿元）227.6%和房地产中介服务企业（5489.5亿元）160%的增长速度。物业管理行业总资产仅为房地产开发企业的2.88%，占全国二、三产业资产总计的0.29%。

　　小微企业数据是亮点，物业管理行业小微企业占行业总量达97.4%。在小微企业的分析中，物业管理行业小微企业10.2万个，占全国二、三产业小微企业法人单位的1.3%；从业人员277.9万人，占1.89%；资产总计1.2万亿元，占0.87%。

　　从发展速度看，5年来物业服务企业增长79.79%，从业人员增长64.57%，行业法人单位和从业人员数量发展速度均高于全国52.9%和30.4%的增长速度。随着我国城镇化进程加速和人们对生活品质的不断追求，企业的扩张和从业人员的增长，将成为行业发展的新常态。

从人力资本优势看，2008年到2013年期间，每家企业平均从业人员数量由42.8人降到39.2人。人工成本的逐年增长和农村富余劳动力减少等因素，使得行业劳动规模优势逐步减弱。企业人力资本质量、先进技术应用、基础业务外包和管理方式进步，将成为行业发展的新引擎。

从产业集中度看，10.5万家物业服务企业中，大、中型企业仅有3000家左右。行业企业数量多，但产业集中度不高，产业结构必将优化升级，企业兼并重组、服务相对集中必将不可避免。企业集团化、专业化，将成为行业发展的新特征。

从企业资产看，2013年末，物业管理行业资产总计为1.367万亿元，仅为房地产开发经营企业的2.88%。行业轻资产特征明显，企业竞争力主要取决于企业品牌、人力资源、管理经验、治理制度、人脉关系、资源获取和整合能力等方面。企业无形资产的打造和竞争，将成为行业发展的新焦点。

1.5 物业管理行业发展动态与策略

1.5.1 物业管理行业的发展动态

1. 互联网+

自2014年以来，物业管理行业作为新经济的重要增长点和提高居民生活品质的重要载体，加速融合移动互联等新技术，服务质量和管理模式不断升级创新，受到了社会和资本市场的广泛关注，行业迎来新一轮风口。在这样的背景下，物业服务品牌企业紧抓"互联网+"发展机遇，积极运用新技术、新工具创新服务模式，以客户为核心改造传统服务业务，并积极探索社区养老、房屋经纪、社区O2O等增值服务领域，不断满足业主多维度高品质服务需求，形成了各具特色的物业服务特色品牌，有效促进了物业服务企业品牌价值的全面提升。

【延伸】

物业管理行业与IT业的"亲密接触"

现今，智能物业这一并不算新颖的名称，已成为建筑材料业、房地产业等一系列相关产业新的经济增长点，并极有可能给现在已竞争激烈的行业——IT行业开辟另一个新战场。所以，谈及智能网络家居时，很多不了解的人都会觉得很稀奇，其实这种反映就像当初在房屋建设中留下电话接口一样，大家都认为没必要，可当你看到IT产业迅速的发展，计算机走下神坛，逐渐走入平常百姓家时，你没有理由怀疑智能化小区、智能化网络家居是将来的一个发展方向。而事实是，在国外，智能化物业已经发展得相当成熟，时尚的SOHO（在家办公）一族、在家看病、对自己的家进行远程监控等，不再是幻想。

　　在国外，智能网络物业常被称为"Smart Home"。现在已有不少地方，如美国、加拿大、澳大利亚等地开发了这种智能网络物业社区。这些社区都通过电子手段提供与社区有关的信息和服务。不仅缩短了人们物理上的距离，而且给用户带来了许多方便。通过网络，社区向其住户提供国内外新闻、社区内新闻以及住户自己感兴趣的新闻。另外，还有交通信息、天气形势、地区性活动、商业区地图。而社区最重要的是服务，这些社区提供了如医疗、婴儿看护、宠物照顾、病人监护、电子图书馆、网上学校、预订旅店、饭馆、酒吧、看电影、逛公园等项目，住户可以根据自己的爱好进行选择。此外，在住户家庭内部联成局域网（Home Local Area Network），将自家的所有电器进行智能控制，支持多台个人电脑。住户可以远程监视、控制家中的各种设备，如提前打开空调、开关灯、收发传真等一系列内部事务。这一智能化控制使得整个小区的智能化水平提高了很多，当然这和国外网络普及、应用水平、国民收入的提高是密不可分的。

　　北美、欧洲和东南亚等经济发达的国家先后提出了"智能物业"（Smart Home）的概念。其目标就是：将家庭中各种与信息相关的通信设备，家用电器和家庭保安装置通过家庭总线技术（HBS）连接到一家庭智能化系统上进行集中的或异地的监视、控制和家庭事务性管理，并保持这些家庭设施与住宅环境的和谐与协调。而早在1983年，美国电子工业协会就组织专门机构开始制定家庭电器设计标准，即《家庭自动化系统与通信标准》，也称之为家庭总线系统标准（HBS）。在其制定的设计规范与标准中，智能住宅的电气设计要求必须满足以下三个条件，即：

　　（1）具有家庭总线系统（也称综合布线系统）；

　　（2）通过家庭总线系统提供各种服务功能（各种家电的智能化）；

　　（3）能和住宅以外的外部世界相连接（互联网的功能，目前中国电信、长城宽带及有线电视都在积极地扩展此项业务以争取更多的终极用户）。

　　我国智能化社区建设起步较晚，1997年初开始制定《小康住宅电气设计（标准）导则（讨论稿）》（后称《导则》），在《导则》中规定了小康住宅小区电气设计总体上应满足以下要求：高度的安全性；舒适的生活环境；便利的通信方式；综合的信息服务；家庭智能化系统。同时也对小康住宅与小区建设在安全防范、家庭设备自动化和通信与网络配置等方面提出了三级设计标准，第一级为"理想目标"；第二级为"普及目标"；第三级为"最低目标"。

　　早在1998年5月新加坡举办的"98亚洲家庭电器与电子消费品国际展览会"上，通过在场内"盖"起的模拟"未来之家"推出了新加坡模式的家庭智能化系统，并在新加坡新闻媒体上刊登了有关"未来之家"的智慧所在。在"未来之家"里，当早晨起床时间一到，卧室音响设备就会自动播放屋主人爱听的"起床曲"唤醒主人；卧房浴室的电灯也会在主人进入梳洗时自动亮起，这时，厨房的煮咖啡器也自动煮水，等主人出来时，就有热腾腾的咖啡等着他；在客厅里，主人只需轻轻按动综合功能遥控器，就可以十分方便地通过家庭影院系统播放电视节目、VOD点播、DVD播放、上网查询邮件和当天的重要新闻，以及多媒体游戏。当主人出门后，急停智能化系统就会自动启动安全保卫系统，一旦有人非法进入住宅或发生意外事故（如：火灾、煤气泄漏、老人疾病紧急求助），系统就会立即自动拨电通知主人，或向有关警署报警。在外的主人接到报警后，也可以拨电回家接上家庭智能化系统，开启家中的数码电话机上的特别对讲器，听听家里有没有奇怪的声音，甚至质问不速之客"你想干什么？"。主人在下班回家前，可以通过手机遥控家里的空调机并调节到舒适的温度上，以及其他家里的电器设备（如热水器等），当主人完成操作后，电话里会传来柔美的声音："空调已开启"。因此"未来之家"也是一个会"说话"的智慧之家。时至今日，在美国已有近四万户家庭安装了这一类的"家庭智能化系统"，在新加坡也有近30个社区（住宅小区）近5000户的家庭采用了"家庭智能化系统"。相信在以后，会有更多的公寓和洋楼，以及住宅单元安装上这一类更科技的智能化系统产品。

2. 资本运营

2014年以来，彩生活、中海物业、中奥到家、绿城等内地物业管理公司先后在香港成功上市。而在新三板（中小企业股份转让系统），一些房地产商旗下的物业公司如远洋亿家、第一物业等也在抢滩。新三板门槛低、监管规范、审批时间短等特点更为物业服务企业提供了良好的资本市场机遇。未来，这些大牌企业势必会利用资本市场的力量整合更多适合自己的物业公司，扩大自己的规模，打造万亿市值大平台，并依靠增值服务来满足客户需求，获得一定的盈利。

【延伸】

你好，物业。你好，金矿！

社区O2O的资本大潮已退，但急于寻找新增长点的地产商并未退后，他们打算将物业金矿的挖掘权牢牢握在自己手里。过去两年，有四家内地物业管理公司在香港成功IPO：彩生活（1778.HK）、中海物业（2669.HK）、中奥到家（1538.HK）、绿城服务（2869.HK）。截至2016年8月5日收盘，市值最高的是绿城服务，其次是彩生活，市值达到60.5亿港元，之后是中海物业，总市值57.8亿港元，最后是中奥到家，总市值8.48亿港元。而在新三板，一些地产商旗下的物业公司也在抢滩。远洋地产旗下物业公司远洋亿家（837149.SZ）、当代置业关联企业第一物业（837498.SZ）等，都已在近期登陆新三板。这一切的背后是一个迅速扩大的物业市场。中国物业管理协会发布的《2015年全国物业管理行业发展报告》显示，截至2014年底，全国31个省区市物业管理面积约为164.5亿m²，其中住宅物业占据主流，是当下物业公司最主要的服务形态。《2016中国物业服务百强企业研究报告》显示，2015年物业服务百强企业的住宅物业管理面积占比达71.49%。地产商开始相信，物业管理是一个具有广泛消费群体和利润想象空间的增长点，随着业主基数及其活跃度增加，新的财富故事将在这个过去最不起眼的角落里诞生。

资本启蒙

物业公司第一次真正叩响资本市场的大门，是花样年控股（1777.HK，下称花样年）旗下的物业服务集团彩生活上市。2014年6月16日，花样年宣布彩生活在香港联交所主板上市，其市值一度超越母公司花样年。

越来越多地产系物业公司将社区O2O视为潜力型业务板块，开发社区增值服务。比如万科物业，现在做家政服务，也做汽车美容，代理销售旅游、保险类产品，还做房屋租售代理。用一款社区生活APP"住这儿"，整合小区周边商家。绿城物业主打智慧园区，有移动应用提供日常生活产品及服务。中海物业同样展开社区租赁、销售业务，透过O2O平台做业主购物、居家服务的协助。

小业务，大空间

在物业行业，资本热潮来去匆匆，但地产商并未退后，相反，他们打算将物业金矿的挖掘权牢牢握在自己手里。地产商重视物业，原因有二。一方面，物业服务是地产商的末端工作，属于卖房后的后勤工作，维系业主关系有利于后续房屋销售。另一方面，做好了物业也能得到来自市场的奖赏。在城市化进程中，中国房地产进入存量房市场是大趋势，未来是存量物业管理的天下。一家优秀的物业管理公司应该什么样？美国本土的FirstService（第一服务）提供了参照。这是目前全球营收最大的纯住宅物业管理公司。它定位于"一站式服务"，除传统物管职能外，还提供如银行、保险、租售和能源方案等增值服务，以及社区衍生服务。券商第一上海研报显示，基于社区的多样衍生服务在第一服务整体营收中约占20%的比重。相对于基础物管业务，衍生服务的利润也更高，在公司经营性利润（EBITDA）中占比约三分之一。存量物业管理市场空间巨大，美国已经从趋势上证明了这一点。美国住房开发商协会（NAHB）统计了1980年至今的数据，发现社区服务带动的相关产业一直在GDP中占到12%~13%的比重，是同期住房开发投资占比的2倍至4倍。

目前市值最高的物业公司是绿城服务。招股材料显示，2013~2015年，绿城服务的收入分别为：16.72亿元、22.05亿元、29.23亿元，复合年增长率约32%；其持续经营业务利润分别为0.83亿元、1.5亿元、2.03亿元，复合年增长率56.5%。绿城服务有三大业务。招股材料显示，2015年，其物业管理业务占营收比重71.6%，顾问咨询业务占营收比重18.9%，园区增值服务占营收比重9.5%，这三项业务去年的毛利率分别为10.2%、33.9%和47.5%。年报显示，2015年，绿城物业销售毛利率达18%。中海物业于2014年10月26日上市，年报显示，2015年中海物业营收25.44亿港元，同比上升17.6%。毛利自2014年的4.13亿港元上升27%至5.25亿港元，毛利率也从2014年的19.1%增至20.6%。中海物业的物业管理服务同样贡献了主要营收，占总收入的92.9%。增值服务收入占比7.1%，比去年的5.9%略有上升。从以上三家物业龙头企业的营收结构里，可以窥见地产商系物业公司的毛利率差异较大。彩生活毛利率高达54.9%，远高于其余两家20%左右的毛利率。这是因为他们采用了不同的收入计算方法，隶属于不同的物业管理流派。

跑马圈地

物业管理是一个高度分散化的行业，大量中小型物业公司分布其中。根据中国指数研究院数据，2014年国内物业公司超过7000家，市场份额极为分散。而对地产系物业公司来说，不管是加强传统物管业务，还是扩大增值服务，都需要规模优势。只有迅速增加管理面积，才能放大物业收入与利润，进而在资本市场谋得更大话语权。目前，物业行业格局正在迎来新一轮洗牌。行业并购潮兴起，一些物业公司开始跑马圈地，另一些计划退出市场。中小型物业公司的生存空间迅速收窄，这是一场规模的较量，局势正往强者愈强、弱者愈弱的两极演化。已上市的物业公司募集资金最主要的用途是收购同行。

2015年6月，万科物业以净资入股卓弘物业和北京佰嘉物业，五个月后又收购东莞卓圣物业。万科董事会主席王石放言："十年后，万科物业的客户数量是1000万。但如果接受其他楼盘的物业，十年后则是6000万～8000万。"

一些物业公司积极拓展规模，另一些则收缩战线，万达即出售了旗下物业公司，一度引来万科物业、绿城物业、花样年等竞标。2016年8月1日，花样年发布公告，花样年物业联合体整体收购万达物业。同样在出售的还有旭辉物业。7月20日，旭辉集团将其全资拥有的永升物管公司70%股权作价9100万元出售。这与地产商自身发展路线相关，在卖家眼里，物业管理是微利行业，而对买家来说，今天的微利会成为明天的厚利，必须立即扩大经营规模以赢得竞争优势。

为了顺利跑马圈地，万科物业想出了新的办法。他们推出"睿服务"物业管理品牌，倡导物业大联盟即"睿联盟"体系。这是一个基于移动互联网的物业管理平台。它有利于万科通过并购与合作，对其他房企同行输出物业管理品牌。在2015年5月的万科股东会上，万科总裁郁亮首次确立了万科物业独立上市的目标。目前，睿服务已在全国772个住宅项目上运营。截至2015年12月31日，万科物业参与服务的社区面积已突破2.1亿m²。

资料来源：2016年8月8日《财经》杂志，有删减。

3. 住宅街区制改革

2016年2月6日，《中共中央国务院关于进一步加强城市规划建设管理工作的若干意见》提出优化街区路网结构，推进街区制改革。针对住宅街区制政策变化，物业管理行业可能面临重新洗牌，传统物业管理机构面临升级换代的需求。率先完成智能社区和智能安保建设的物业公司把握主动权，在基础服务运营基础上，寻找新的利润来源将是关键。未来，开放的街区形式将逐步替代原有封闭式的社区，街区制的推出将给社区商业带来大量的机会，社区内原有规划的道路、社区公共场所及物业服务用房将会随着市场有效需求，被重新估值，部分社区资源甚至将被纳入分享经济。单一业务和独立作战的物业管理机构将会面临逐渐出局的危机。有多元化集团平台和背景的新型物业运营和服务机构，将会优先享受社街区金矿的挖掘权。一些在业务收入多元化、社区管理智能化和社区网络电商化领域走在前列的行业龙头企业，有望率先抓住政策机遇，迅速抢占更多市场份额和先机。

4．社区养老

2011年我国65岁以上人口占比是8.1%，2014年已经突破了10.1%，65岁人口占10%以上就是老龄化社会的标志。据全国老龄工作委员会预测，到2020年，我国60岁以上老年人将达到2.4亿，约占全国总人口的16%。同时，"4-2-1"的家庭结构在我国日益成为普遍的现象，"空巢"家庭越来越多。如何养老，已经成为一个严重的社会问题。

民政部等十部委2008年1月下发的《关于全面推进居家养老服务工作的意见》提出，要发挥和利用社会资源，建立健全与经济社会发展相适应的居家养老服务体系，解决有限的养老资源与急剧增长的养老需求之间的矛盾，最大限度地满足广大老年人的养老需求。

物业管理行业作为正在向现代服务业转型的一个行业，直接服务于社区和居民，是一个与民生最贴近的行业，开展社区养老具备先天的优势。物业服务企业开展社区养老服务，可以有效地缓解家庭养老面临的人力、财力等困难，解决政府在机构养老方面的资金投入不足。开展社区养老服务也为物业服务企业的体制转轨和结构转型营造了一个更加宽松的环境，为维护社会稳定、缓解社会矛盾提供了有效的保障。物业服务企业在做好物业服务的同时，把社区养老服务做成一项事业，既利于老龄人，又利于服务者，把一个沉重的社会问题变成一种强大的社会动力和服务产业，对于促进社会和谐等方面具有深远的意义。

国内开展社区养老服务较早的物业企业有：卓达物业、绿城物业、保利物业等。

5．品牌扩张

2015年物业服务领先品牌抢抓机遇加速扩张，通过规模化效应夯实竞争优势，实现品牌广度与深度的提升。万科物业、中海物业、彩生活等领先品牌企业均不同程度上加快了品牌扩张进程。随着物业服务领域的持续专业细分和服务要求的不断提升，品牌企业在专业细分市场、服务内容、服务方式等方面不断积极探索，打造物业服务特色品牌。物业服务品牌企业强化从管理"物"向服务"人"的转变，紧抓互联网机遇，推进业务和品牌的转型升级，通过在社区养老、社区物流、社区家政等细分领域的拓展，积极搭建居住生活新场景，引领居民社区生活方式的蝶变。

企业品牌价值的持续增长除了与企业的发展战略、专业服务水平、市场表现相关外，更来自于长期持续不断的品牌建设投入。近年来，随着市场竞争的加剧，物业服务品牌企业积极开展品牌建设，持续加大品牌建设投入力度，尤其是2014年在国内经济由高速增长转向中高速增长的新常态下，物业服务品牌企业的品牌投入力度持续加强，品牌影响力日益提升。2014年，物业服务品牌企业品牌建设投入均值为830.81万元，同比增长26.99%，增幅较2013年提升3.26个百分点，品牌投入增长呈现加速态势，品牌效应日益凸显。

【延伸】

中国物业管理行业最大的并购案出炉
——花样年20亿"吞下"万达物业

2016年8月1日晚，花样年控股（01777.HK）发布公告称，其附属公司深圳市幸福万象投资合伙企业和深圳前海嘉年投资基金管理有限公司组成的花样年物业联合体整体收购万达物业。上述交易总价约20亿元，而万达物业的账面资金和应收账款共8亿元将作为嫁妆，换言之，花样年收购万达物业的代价不超过12亿元。除购物中心外，万达的写字楼、住宅以及裙楼底商被打包成交易资产包，所涉物管面积超过6000万m²。无论是从收购金额、涉及面积抑或是标的方的品牌价值而言，此交易均堪称国内物业管理行业中最大的一笔并购案。

据悉，万达物业股权转让采用竞标方式，参与方包括绿城物业、万科物业、花样年物业联合体和中民物业4家企业。最后，花样年物业联合体综合得分最高，而其于2015年2月收购的开元国际则是加分项。早在2013年，万达商业就已与开元国际达成战略合作协议，开元国际管理的万达广场数量达到20个，是万达30余个物管合作供应商中，接盘项目数量最多的一家。总部位于深圳的开元国际创立于2001年，专注于高端住宅物业服务。目前，公司在管的全委物业覆盖深圳、北京、上海等国内十多个城市的150多个项目。此外，开元国际还在越南胡志明市承接物业全委服务，管理建筑面积超3300万m²。本次并购交易完成后，开元国际将承担万达物业旗下住宅社区的物业管理服务，而花样年国际物业则负责万达写字楼的物业管理。

目前，花样年国际物业已进入全国35个城市，客户包括绿地集团、香港富豪集团、腾讯及TCL等公司，在管项目包括深圳长富金茂大厦、成都喜年广场、南京喜年中心等甲级写字楼。花样年国际物业是主营商业物业管理的美易家的附属公司，专注于城市综合体、写字楼、度假物业为主的商务物业管理，与主打住宅类物业管理的彩生活错位生长。花样年集团旗下共有3家上市公司，其中彩生活（01778.HK）和美易家负责物管业务，花样年控股主营房地产开发业务。

剥离与吸纳，交易双方在走两条截然不同的路线。但于商业而言，其本质都是一样的，精细化分工、每家企业专注于自己的领域，并以价值与产能最大化为目的。

2015年，万达提出第四次转型，剥离物业板块，是其标志性的事件之一。与普通的商品交易不同，物业管理针对存量房展开，交易的后端服务质量很重要。这决定了万达卖物业不能价高者得，否则日后出事之际，庞大的万达业主群民情汹涌，万达品牌的美誉度仍难免受损。

物业管理行业发展之初以分散为标志，而企业兼并是行业走向成熟的必经之路。

资料来源：第一财经：http://www.yicai.com

1.5.2 我国物业管理行业的发展趋势

从总体看，物业管理行业的发展将围绕着以下六个方面展开。

（1）经营理念。从为物业售后的整个使用过程提供对房屋及其设备、基础设施与周围环境的专业化管理，到依靠高新技术和现代管理方法、模式及组织形式，向不同消费主体提供更高质量的基础物业服务及个性化、专业化的定制式衍生产品和服务。

（2）管理手段。从技术含量较低，生产服务形式单一，产品同质化现象严重，缺乏核心竞争能力，到广泛应用包括现代信息化技术手段在内的高新技术和管理工具，实现管理升级，提升服务品质，降低生产成本，行业逐步进入大数据时代。

（3）服务创新。从产品边界狭窄，服务功能创新局限，行业平均利润率较低，到通过资产管理、资本经营和产业链上的延伸服务，拓展产业边界，实现服务价值创新。

（4）人力资源。从服务生产者以传统作业人员为主，不强调专业分工，组织结构单一，管理水平普遍较低，到主要服务生产者由传统操作型向专业复合型转变，各专业能级不断细分，组织结构设计合理完整，人员配置充分有效。

（5）管控模式。从运作模式以劳动密集型和简单劳动提供为主、投入产出比较低，到通过服务功能换代和服务模式创新，向知识密集型企业转变，实现高增值服务，产出附加值高。

（6）产业链。从服务产业链发育不够成熟、专业化能力较低，到服务产业链发展呈集群式特点，产业融合特征明显，服务具有差异化。

具体而言，物业管理行业将主要呈现以下三个发展趋势：

首先，互联网与物业管理行业深度融合。第三次工业革命开创了信息时代，云端应用、电子商务、物联网成为支撑大数据、智慧城市的重要技术应用。互联网与传统物业的跨界融合，催生了物业管理行业全新的服务模式，赋予物业服务新的内涵，促进了行业的高附加值化，为行业发展带来新的经济增长点。物业服务企业顺应社会经济的发展和居民生活消费需求结构的升级，一方面，积极借助"互联网+物业"的模式，应用移动互联网、云平台等新技术，整合社区周边餐饮、房屋经纪、物流等商业资源，渗透到衣食住行等与生活息息相关的领域；另一方面，探索"物业+互联网"模式，通过手机APP、微信公众号等打造一站式综合服务平台，提供便捷、周到的高品质物业服务。

其次，物业管理行业集中度稳步提升。受到政策环境、市场竞争和技术水平等因素的影响，物业管理行业集中度有较大程度的提高。政策因素方面，新型城镇化、西部开发和东北振兴规划的实施，国内城乡和区域发展趋于平衡。行业市场竞争日趋激烈，大批品牌企业凭借其优质物业服务输出能力，在开拓物业市场、提高市场份额等方面的优势日益显现。产业结构优化和产业融合加剧，企业间兼并重组等经济行为持续进行，优胜劣汰竞争机制作用凸显。规模企业投入资金研发互联网技术平台，聚合企业成立发展联盟，规模效益显著增加，也将进一步促进行业集中度的提升。

最后，物业管理行业价值逐步兑现。伴随居民不断增长的多层次、高品质生活需求，物业管理行业的价值日趋凸显。一方面，技术变革和产业融合引发行业主动谋求变革，改造管控体系和运行流程，创新商业和服务模式，现代服务业转型升级趋势明显。"互联网+"、轻资产等优势吸引资产市场的关注，使得物业服务企业的经济价值升高。另一方面，优质的物业管理成为提升楼盘居住价值和投资价值的重要砝码，如具前瞻性的房地产开发商已经逐渐意识到物业服务在房地产竞争中的重要性；在万科的所有客户中，60%以上的客户是因万科的品牌和物业而来。物业管理的行业价值在市场化过程中逐步得到有效兑现。

【案例】

万科物业助推品牌价值破百亿

日前公布的"2009中国房地产品牌价值Top10"研究成果表明，万科的品牌价值已经突破百亿纪录，高达119.55亿元。相关人士表示，除了万科的资金实力、产品所体现出的品质优势以外，万科物业为客户提供的优质服务更是功不可没。"在万科的所有客户中，60%以上的客户是冲着万科的品牌和物业来的，"万科物业的负责人告诉记者，"尤其是万客会的成员，很多都是万科住宅两次甚至多次的购买者。"

据悉，万科物业一直是万科品牌的核心要素之一，从其首创"物业管理"模式到全国第一个业主委员会的成立再到万客会，万科物业已经名声在外，甚至成为许多客户长期居住不愿换房或重复购买万科产品的主要理由。而市场实践也表明，良好的物业管理服务不仅有利于树立开发商良好的品牌形象，加快其市场销售的进度，而且有利于维护房屋购买者或投资者的利益，为企业品牌达到保值、增值的目的。

万科副总裁毛大庆也表示，"物业服务一直是万科的重点"。据万科总裁郁亮透露，万科所有的奖金都和客户满意度有关，后续的服务远比房子本身更重要。

目前，万科物业服务已经越来越被客户认可。据透露，每年万科集团都会由国际知名的第三方公司做客户满意度调查，其中北京物业公司的满意度每年都可以达到95%。而这也表现在万科物业费用的收取上，据悉，每年万科各个小区物业费用的缴纳率都在90%以上。

资料来源：《京华时报》2009年11月20日。

1.5.3 我国物业管理行业的发展策略

随着行业发展所依托的社会、经济、法制、市场环境的变化，物业管理正呈现提档升级的多元化发展态势。可以预料，今后几年，法规政策的完善、监管体系的建立、定价机制的转变、税收政策的突破，将为行业发展打造相对宽松的外部环境；市场竞争的加剧，将极大地推进行业专业化、市场化、规范化进程；城镇化战略的实施，将推动物业管理加速向中西部地区和中小城市及农村推进；在重大活动、事件和抢险救灾中作用的发挥，以及对既有建筑节能减排等工作的开展，将凸显行业的社会责任和专业价值；向现代服务业的转型，将使一大批品牌企业的综合实力进一步提升；商业模式的创新将对改善行业生存状况产生深远影响。

（1）顺应消费升级趋势，科学管理用户需求。物业服务企业应当在做好保洁、绿化、秩序维护和维修养护等传统物业服务的基础上，科学定位用户需求层级，关注用户身心健康、文化娱乐等内在需求；整合社区商业和电商等服务资源，满足用户便捷、高效和有品质保障的外在生活需求；引导用户参与共建共享高品质服务和品牌价值，增强用户的归属感、幸福感和荣誉感。运用大数据技术并结合CRM客户服务系统，实现业主生活习惯和消费行为的数字化处理，追踪业主服务需求变化，从而促进物业服务产品的改进和提升。

（2）充分整合社区资源，构建社区生态圈。促进物业管理行业与互联网的深度结合，运用互联网思维影响企业管理体制，倡导去中心化和去中介化的平台化管理体制。通过有效整合相关产业资源、引导用户深度参与交互、鼓励员工参与平台建设等方式，把物业管理行业相关的"物"聚合在平台，把用户、员工和资源所有者等利益相关者凝聚为收益与风险共担的利益共同体，构筑新型物业服务生态圈，实现全价值链的共享价值。同时，在基于互联网技术的网络平台上，突破传统电商平台聚合局限，构建场景式消费模型，满足用户个性化商品和服务的消费理念。

（3）培育专业人才梯队，完善人力资源结构。物业管理行业人力资源结构将趋于专业化、综合型、高端化，应通过完善职业资格认定制度，建立专业化职业经理人队伍；鼓励人才跨行业流动，注重IT人才在企业管理和信息化平台方面作用的发挥；培育物业设施设备技术领域专业人才；储备管理智慧社区的综合型人才。鼓励大专院校和职业学校开设物业管理专业教育，开展"校企合作"和"联合办学"，如万科物业与北京吉利大学成立的"万科物业学院"，粤华物业与深圳房地产和物业管理进修学院共同创办内部学习机构"粤华管理学院"等，为物业服务企业乃至物业管理行业培养多层次的优秀人才助力。

（4）鼓励行业协同竞合，推动市场健康发展。鼓励物业服务企业尊重政府和市场"两只手"在经济发展中的协调作用，处理好经济主体之间的关系，公平、公正、公开地参与市场竞争，并在竞争与合作过程中实现共赢，避免在价格、市场份额、人才等方面的恶意竞争行为。倡导加强行业标准化工作，提升行业标准整体水平，规范企业市场行为，形成政府引导、市场驱动、社会参与、协同推进的标准化工作格局。

（5）创新管理服务理念，加速行业转型升级。物业管理行业将通过与互联网和高端设备管理技术的融合，探索和创新服务和管理模式，改造和提升企业组织管理架构，积极发现新兴服务领域和业态，通过跨领域资源整合，坚定地向智慧型的现代服务业转型升级。鼓励国内物业服务企业在集成自身优势的基础上，以具有国际标准的服务模式，结合海外物业管理需求，加速海外市场拓展，为行业转型升级探索国际空间。

（6）推进行业标准建设，提高国际竞争能力。随着经济全球化进程的不断加快，标准已经被推向国际市场竞争的前沿。标准化是实现物业管理行业健康有序发展的重要技术支撑。标准化水平和程度的领先，以及在国际标准化领域中的优势，意味着在未来的国际竞争中将占据优势地位。物业管理是社会经济发展的重要组成部分之一，标准化是规范物业管理行为，确保物业服务质量，提高物业管理效率的必要手段。

现阶段，我国物业管理距离高标准的专业化管理还存在一定差异。通常所说的物业管理的标准化的专业模式，其实只是物业服务企业内部的具体专业分工与协作，而真正意义上的标准化的专业管理是指物业管理行业内，包括与相关行业间的专业化分工与协作，也就是将管理内容细化后发包给清洁、秩序维护、设备维修等专业化公司，然后由物业服务企业对专业公司的工作进行监督验收，从而达到对物业进行管理的目的。但就目前物业管理状况来看，由于近年来劳动力成本的不断增长，物业管理刚性成本持续上扬，很多物业服务企业为了生存与可持续发展已逐步走向项目分包的标准化专业管理道路，但其标准化程度还比较低，仅仅处于初级阶段。

2000年，业内少数优秀企业按照国际ISO质量体系的要求，量身制定了相应的标准管理体系，但适用性不强，国家、区域范围尚缺乏统一的可移植、借鉴和操作的标准化准则。面对这种趋势，当务之急是在政府相关部门的引导和技术机构的支持下，物业服务企业积极参与，加快物业管理行业的标准化进程，助力行业的转型升级。

（7）加快信息网络建设，提高业务管理效率。物业管理信息化，是利用计算机技术、网络通信技术、自动化控制技术，结合现代化的管理思想，在物业管理中的综合应用，依靠先进的计算机技术、网络通信技术、自动化控制技术，使得物业管理工作更加的科学规范。建立信息管理体系，将各类信息纳入统一的网络化的物业管理信息平台，实现企业动态资源的过程控制；更为集约化的物业管理服务；实现系统内部信息资源的共享，提高整个公司协同工作能力和工作效率。

物业管理信息化建设说起来容易做起来难。不同的物业服务企业的实际工作需要、业务开展范围和资金支持能力，对物业管理信息系统的建立形式、工作方式、规模大小的运作也应各有不同。物业管理信息化对于推动物业管理的工作程序化、决策科学化、服务细节化具有十分重大的意义。鉴于物业管理信息化建设的复杂性，实施过程中要进行全面、有效地系统分析，制定正确的实施步骤和技术方法，把最先进的信息技术与企业管理思想融合在一起是十分重要的。

本章小结

世界物业管理行业始于英国，发展于美国，20世纪中叶后，在世界范围内得到广泛传播，并影响到我国物业管理的兴起和发展。1981年3月10日深圳市以中国香港的物业管理为参照，成立了深圳市物业管理公司。由此，物业管理在中国诞生。从1981年建立第一家物业服务企业至今，我国的物业管理已走过了35年艰难探索的历程，中国物业管理已经初具规模，覆盖率逐年提高，并经历了探索和起步阶段、快速发展阶段和市场化、规模化发展阶段，目前已渗透到各个领域。

现今，我国物业管理行业的发展状况可以概括为：政策法规日臻完备、管理规模不断拓展、企业数量较快增长、从业队伍加速扩大。由此可见物业管理行业的发展日趋系统化，因此其在国民经济中的地位也在逐步提高。仅就房地产业链条来讲，物业管理的发展也远远超出了房地产中介服务、其他房地产的发展，企业数量和就业人数远远超出了后者，物业管理——这个当年曾经的开发企业的"小弟"正在长大。

面对新的机遇和挑战，要促进物业管理又好又快发展，需要全体物业管理人付出加倍的努力，未来工作的关注点应集中于：提升行业发展的法制化、规范化水平；明确物业管理行业的责任边界；健全符合行业特征和市场规律的价格机制；推动行业向现代服务业转型升级；提升从业人员整体素质，建立职业化管理队伍；树立标杆企业带动行业创新发展等诸多方面。

课后习题

一、思考题
1. 物业管理行业得以产生和快速发展的主要原因有哪些？
2. 我国物业管理行业发展历程主要可以分为哪几个阶段？
3. 你如何看待我国物业管理行业的发展现状？哪方面最值得你关注？
4. 我国物业管理行业未来发展动向有哪些方面？
5. 你对未来我国物业管理行业的发展策略如何看？

二、探究题
1. 检索卓达、保利、绿城物业开展社区养老的资料，分析三家企业社区养老模式的差异。

2. 搜集目前国内已经上市的物业服务企业有哪几家？了解各家企业资本运营情况，并就物业服务企业涉足资本运营谈谈你的看法。

3. 了解我国住宅街区制改革政策的具体内容，分析该政策对物业管理行业的影响，你认为是"利大于弊"还是"弊大于利"？

三、实践

选择当地规模较大的物业项目实地参观；了解物业管理工作的基本内容、物业公司的组织结构、物业管理工作中的关键要素；分组对参观活动进行总结，并用PPT进行演示交流。

2

物业管理
基本知识

本章要点及学习目标

　　掌握物业的概念与性质，物业管理的概念与特征，物业管理的参与主体；熟悉物业管理的类别、物业管理的主要内容；了解物业的类型，物业管理与房地产开发的关系，物业管理的意义。

2.1 物业的概念和属性

2.1.1 物业的含义

一般认为，"物业"一词来自于我国香港地区的地方习惯用语，意为个人或团体所拥有的单元性房地产产业，相对应的英文是Estate或Property。该词作为香港当地房地产领域中一个普遍使用并具有较确切定义的重要称谓，其用法在大部分的场合大致等同于我国内地通常理解的房地产或不动产，但又不完全一致。香港李宗锷法官在《香港房地产法》中为"物业"作的解释是："所谓物业，是单元性地产。一住宅单位是一物业，一工厂楼宇是一物业，一农庄也是一物业。故一物业可大可小，大物业可分割为小物业。"这个解释比较清晰地表达了"物业"一词在我国香港当地使用时的意义、内涵和属性。

随着我国房地产市场的培育和经济的发展，20世纪80年代以来，"物业"概念开始从香港经由广东传入内地，逐渐为我国内地的地产界及普通百姓所接受并广为流传使用。住房城乡建设部《房地产业基本术语标准》JGJ/T 30—2015对"物业"一词的表述为："正在使用中和已经可以投入使用的各类建筑物及附属设备、配套设施、相关场地等组成的单宗房地产实体以及依托于该实体上的权益。"在这一术语解释中，物业除建筑物及附属设备、配套设施、相关场地等实体部分外，还包含了附着在其上的权益。

在物业管理活动中，物业是物业管理的物质对象，是一个狭义的概念，主要是指房屋及配套的设施设备和相关场地。一个完整的物业应该包括以下几个组成部分。

（1）建筑物。通称"建筑"，一般指供人居住、工作、学习、生产、经营、娱乐、储藏物品以及进行其他社会活动的工程建筑。建筑物可以是单体建筑，如一幢高层或多层住宅楼、写字楼、商业大厦、宾馆、停车场等，也可以是建筑群，如住宅小区、工业园区、城市综合体等。

（2）附属设备。建筑物附属的功能设备，包括给水排水系统、消防系统、暖通空调系统、强电系统、弱电系统、运输设备、防雷设备等。

（3）配套设施。与建筑物相配套，为建筑物的使用者提供服务的公共建筑设施，如商店、幼儿园、医院等。

（4）相关场地。建筑物周围的庭院、绿地、道路、停车场等。

值得注意的是，"物业"一词在我国民间的使用中，往往还有另外一种含义。人们通常将物业管理经营行业和从事物业管理的企业也都简称为"物业"，含有"物业管理行业"、"物业服务公司"、"物业服务企业"或"物业管理人"等意思。这是一种通俗的简称，应当与物业概念的本身相区别。

2.1.2 物业的类别

物业可以从不同的角度进行分类,如按建筑结构形式、层数、产权形式等。从物业管理的角度,根据物业使用功能的不同,物业可以分为以下四类。

(1)居住物业。是指以居住为主要功能的物业,包括住宅小区、单体住宅楼、公寓、别墅等。

(2)商业物业。是指以收益性经营活动为主要功能的物业,包括综合楼、写字楼、商业中心、宾馆、酒店、康乐场所等。

(3)工业物业。以生产经营活动为主要功能的物业,包括生产厂房、工业园区、仓库、货场等。

(4)其他物业。除以上几种物业之外的物业类型,如交通运输、邮政通信、广播电视、医院、学校、体育场馆等。

2.1.3 物业的属性

物业的性质可以分为自然属性和社会属性两大类。

1. 物业的自然属性

物业的自然属性又称物理属性,或物理性质,是指与物业的物质实体或物理形态相联系的性质,它是物业社会属性的物质内容和物质基础。物业的自然属性主要表现如下。

(1)二元性。一般的,物业是土地与建筑物的统一体,即"房+地"的组成品,因而兼有土地与建筑物两方面的物质内容和自然属性。物业的这种二元性,是其他一般商品所不具备的。

(2)有限性。物业的有限性主要是由土地供给的有限性决定的。土地的自然供给是有限的,且具有不可再生性,而用来开发建设的土地就更有限了。随着社会经济的发展,可开发利用的土地面积日益减少,物业的有限性也表现得越来越明显。同时,由于现代建筑技术要求高、耗资大,物业的数量和规模还要受到社会经济力量和技术水平的限制。

(3)固定性。物业的固定性主要是指物业空间位置上的不可移动性。首先,土地是不可移动的。这里所说的不可移动性,并不是指泥土或者地下埋藏的东西不可移动,也不是指地质地貌不可改变,而是指土地的空间方位、位置的确定性。其次,依赖于土地之上的各类建筑物,不管其形状如何、性能怎样、用途是什么,也是不能随便移动的。再次,与各类建筑相配套的设施,如管道、道路、电缆等也是相对固定的,这就是说物业在空间位置上的不可移动性。

(4)耐久性。房屋和土地都是相当耐久的资产。土地具有不可毁灭性,物业一经建造完成,可供人们长期使用。建筑业中经常提到"百年大计",建筑物一般是要使用数十年甚至更长时间的,特别是那些具有文物价值的建筑,具有更长久的保护价值。

（5）多样性。物业的多样性也可以称为差异性。就土地而言，处在不同地理位置或区位的物业是不同的。就建筑物本身而言，由于建筑物的结构、功能、自然环境、技术经济条件不同，形成了物业形式上的多样性。房屋建筑不可能像其他工业品一样，可以按照同一套图纸、同一个模具或原料进行"原版复制"。即使是按照同一套图纸进行多个建筑的建造，也会因为建造过程中所使用的材料和消耗的劳动的不同而不同。

（6）系统性。人们的各种现实需求从客观上决定了物业的配套性和系统性。一个完整的物业是一个系统，物业的各组成部分之间彼此联系或相互配套组成一个整体才能发挥物业所应有的功能。物业的配套设施不仅要完善，而且组成部分要运转正常，即系统的每个组成部分都要正常发挥其应有的功能，否则，整个系统的功能就要受到影响。

2. 物业的社会属性

物业的社会属性包括物业的法律属性和社会经济属性，是指与所有权及商品经济相联系的性质。

（1）稀缺性。物业的稀缺性主要是相对于人类的需要而言的。一方面表现为土地资源供应上的绝对短缺，另一方面表现为建筑资源供应上的相对短缺。从整个人类历史发展来看，人口的数量在不断地增长，而整个地球的陆地面积并没有增加，人均占有土地面积不断缩小，这就是土地的绝对短缺。从人们占有房屋空间的角度来看，这是一个可大可小的伸缩过程。房屋建筑面积小，一个人有张床就可以了；房屋建筑面积大一些，人们就希望一个人有一间房；如果条件再允许，人们还希望一个人拥有一套房。因此，从这个意义上讲，人们对占有房屋空间的面积大小总是不够充分满意的，这就是建筑资源供应上的相对短缺。

（2）商品性。在市场经济条件下，物业同样也是一种商品，具有价值和使用价值。在物业开发建设的整个过程中，凝聚了不同行业、不同人员的具体的脑力劳动和体力劳动，是人类一般劳动的凝结，因而它具有价值。特定的物业都具有满足人们某种需要的属性，即具有使用价值。物业的价值和使用价值可以通过市场交易活动得以实现，如房屋的买卖、租赁、抵押以及土地使用权的出让和转让等，都是物业商品性的具体体现。

（3）保值增值性。长远来看，基于土地资源的有限性、人口的不断增长和社会经济水平的不断提高等因素，物业具有保值、增值性。增值是一种长期的趋势，而不是直线式的运动。短期内，物业的价格可能有升有降、上下波动；但从长期来看，它无疑呈现出在波动中上扬、螺旋式上升的趋势。

（4）权属性。物业的权属性是指权利人依法对物业享有的直接支配和排他的权利，包括所有权、用益物权和担保物权。物业的所有权人即业主，对自己所有的不动产依法享有占有、使用、收益和处分的权利。所有权人有权在自己的不动产上设立用益物权和担保物权。

（5）交易契约性。不动产的交易不同于动产，物业的购入者不会像购入其他商品一样可以将商品带走，而是意味着购入一宗房地产的物权，带走的是房地产交易的契约。不动产物权比其他商品财产权的结构更复杂，交易中的契约条文显得更为重要。

（6）政策影响性。物业的固定性，使得它不像其他商品可以随意地从一个区域移动到另一个区域，因此难以回避区域经济环境和宏观政策的影响。并且，物业满足了人们"吃、住、行"的三大基本需求，直接关系国计民生及社会稳定，因此各级政府都会对物业市场的调控给予较多的关注。

2.1.4　物业的相关概念

在物业管理活动中，"物业"往往与"房地产"、"不动产"、"住宅"、"房屋"、"商品房"等概念密切相连，有时会被交叉混用，而实际上它们之间是有区别的。

【案例】

房屋"架空层"归谁所有？

福州海景花园有15幢住宅楼，其中架空层面积7347m²。开发商在业主入住后，仅提供了两幢楼的架空层计480多m²供业主停车使用，其余部分作为独立车位于2003年初开始陆续对外发售。业主不同意开发商的这一做法，认为架空层停车位属小区的公共配套设施，所有权应当归全体业主所有，并向房产管理部门作了反映。但福州市房产交易登记中心认为，开发商已取得预售许可，同时法律没有规定架空层是公用配套设施，仍决定为其登记核发产权证。海景花园业主委员会认为，福州市房管局给购买者发放产权证，以行政行为的方式确认开发商可以出卖架空层停车位，即确认架空层的所有权归开发商，没有法律依据。2010年，业主委员会一纸诉状将房管局告上了法庭，要求法院判令撤销房管局发放的房屋所有权证。

福建省建阳市法院一审判定：该架空层属全体业主共有，归全体业主管理、使用。开发商对判决不服，上诉到福建省南平市中院，南平中院于同年11月3日认为被上诉人诉讼主体错误，应由业主作为本案诉讼主体。2011年初，小区业主就这一案件再次向建阳市法院提起诉讼。但是，在本次诉讼中，建阳法院判决原告小区业主败诉。

同样的案情、同一个法院，为何会判出截然相反的两个结果？根本原因是目前福建省乃至全国的法律法规对架空层以及架空层车位的权利性质和权利分配都没有作出明确规定。本案中业主与建设单位及房管部门之间的争议，反映了"物业"概念与房地产相关概念在界定和区分上的模糊，并直接影响到了对"架空层"这个物业种类法律性质和权利归属的判断。

1.　"物业"相关概念

（1）房地产。房地产是房产与地产的合称，指可开发的土地及其地上定着物、建筑物，包括物质实体和依托于物质实体上的权益，具体指向是房屋、土地及其上下空间。这个概念多用在商业活动和相关的法律领域。

（2）不动产。不动产是指依自然性质或法律规定不可移动的土地、土地定着物、构筑物，与土地尚未脱离的土地生成物，以及因自然或人力添附于土地之上且不能分离或移动后会损害其主要价值的其他物。其主要范围是房地产，但不仅仅是房地产。这个概念是民法中常用的法律术语。

（3）房屋。房屋一般指上有屋顶，周围有墙，能防风避雨、御寒保温，供人们在其中工作、生活、学习、娱乐和储藏物资，并具有固定基础，层高一般在2.2m以上的永久性场所。根据某些地方的生活习惯，也包括可供人们常年居住的窑洞、竹楼等。

（4）住宅。住宅是专供人居住的房屋及相接连的庭院，是以家庭为单位，满足家庭生存和发展需要的建筑物。住宅的物质客体就是居住生活用房，包括别墅、公寓、职工家属宿舍、集体宿舍、职工单身宿舍和学生宿舍等，但不包括住宅楼中作为人防使用、不住人的地下室以及托儿所、病房、疗养院、旅馆等具有专门用途的房屋。

（5）商品房。商品房特指由房地产开发企业综合开发建设并出售、出租的住宅、商业用房及其他房屋或建筑物。

"房屋"、"住宅"、"商品房"这三个概念，在经济商业活动、日常生活及相应的法律领域都较为常用。

2. "物业"与相关概念的区别

（1）"物业"与"房地产"的区别。房地产相对于物业而言，是一个比较宏观抽象的概念，是房产与地产的泛称。从宏观的角度来讲，一般只用房地产，而不用物业，如"房地产业"，而一般不能说"物业业"，房地产体制改革一般也很少用"物业体制改革"来代替。而物业则是一个比较微观的具体化的概念，是房地产的下位概念，是指单元性房地产，即一个单项的房地产、具体的房地产，是房地产中的一个环节、一个部分和一个类别。主要指已经建成可投入使用或已经投入使用并可具体量化的房地产项目，具有实物性。另一方面，物业又包括了与房地产相联系的配套设施、设备、实物资产、场地及相关权益。

（2）"物业"与"不动产"的区别。不动产侧重以不可移动性来说明和界定某一类别的物，除了房地产外广义上还包括了林木、道路等其他同样不好移动之定着物、固定物。而物业则侧重以房地产业为基础来界定物，是限定在一定范围内的不动产，具有定限性和单元性。同时，物业中也包括了一些可移动的设施设备（即"动产"）。

（3）"物业"与"房屋"、"住宅"、"商品房"的区别。物业尽管是以房屋、住宅、商品房为主，但其范围却不仅仅是房屋、住宅等房产建筑物本体，它是一个包含了建筑物本体、附属设施、设备和建筑区域的道路、场地、绿化等多个部分在内的一定空间环境范围的集合体，并具有社区人文与环境的公益性。

2.2　物业管理的概念与特征

2.2.1　物业管理的含义

1.物业管理概念的演进

随着我国物业管理行业的发展，我们对物业管理全面、正确的理解和认识也在不断深化。

早期的物业管理是作为房地产开发建设的延伸而出现的，主要体现为住宅小区的售后管理。物业管理最早的官方提法出自《城市新建住宅小区管理办法》（建设部令第33号〔1994〕）。本办法第二条指出，"本办法所称住宅小区管理，是指对住宅小区内的房屋建筑及其设备、市政公用设施、绿化、卫生、交通、治安和环境容貌等管理项目进行维护、修缮与整治。"本办法第四条同时指出，"住宅小区应当逐步推行社会化、专业化的管理模式。由物业管理公司统一实施专业化管理。"该办法指出了物业管理的基本内容及其社会化、专业化的性质，但对于物业管理的内涵和物业管理公司的职责及权利义务的界定还比较模糊。

随着我国住房制度改革的推进和物业管理的逐步普及，物业管理行业初步形成并有了一定的规模。2003年的《物业管理条例》对物业管理活动中业主、物业管理企业、建设单位和政府的责、权、利进行了较为明确的界定。本条例中对物业管理的表述是，"物业管理，是指业主通过选聘物业管理企业①，由业主和物业管理企业按照物业服务合同的约定，对房屋及配套的设施设备和相关场地进行维修、养护、管理，维护相关区域内的环境卫生和秩序的活动。"

2007年，《中华人民共和国物权法》（以下简称《物权法》）颁布，奠定了物业管理的法律基础。《物权法》第八十一条规定，"业主可以自行管理建筑物及其附属设施，也可以委托物业服务企业或者其他管理人管理。"

可见，《物权法》和《物业管理条例》中关于物业管理的相关规定是有差异的，我们可以理解为对物业管理含义广义和狭义的两种表述。

2.广义的物业管理

广义的物业管理，是不动产管理活动的总称，是指业主通过自行管理、委托物业服务企业或其他管理人管理等方式，对其所有的建筑物及其附属设施进行维修、养护和管理的活动。《物权法》中关于建筑物及其附属设施的管理方式，可以理解为广义的物业管理。业主是物业的所有权人，有权根据不同情况，对建筑物及其附属设施选择不同的管理方式：一是业主自己进行管理；二是委托物业服务企业管理；三是委托其他管理人管理。自行管理建筑物及其附属设施是业主的权利，但只有在业主具备管理能力而且业主只有一个或数量较少的情况下，自行管理才具备可行性。通常，物业管理工作由业主委托专业的管理人来进行。除了物业服务企业之

---

① 《物权法》中将"物业管理企业"改称"物业服务企业"。《物权法》颁布后，《物业管理条例》也进行了相应修改。

外，《物权法》提出的"其他管理人"有可能是自然人、个人合伙、机关、事业单位和社会团体法人等各种组织。应该指出的是，"其他管理人"如果接受业主委托从事物业管理工作，同样应该具备相应的专业能力和资格，也应有相应的管理制度。

3. 狭义的物业管理

狭义的物业管理，一般是指《物业管理条例》调整范围内的物业管理，是指业主通过选聘物业服务企业，由业主和物业服务企业按照物业服务合同约定，对房屋及配套的设施设备和相关场地进行维修、养护、管理，维护相关区域内的环境卫生和秩序的活动。

具体的，可以从三个方面理解《物业管理条例》中物业管理的含义。

（1）物业管理是业主选聘物业服务企业的管理方式。虽然法律并不强制业主必须选择物业服务企业来管理物业，但是业主选聘物业服务企业本身就是行使自主权的一种方式，应当受到法律保护。同时，将业主选聘物业服务企业作为物业管理活动的前提条件，就是将物业管理与传统意义的行政管房模式区分开，强调物业管理是一种市场行为、市场关系和市场活动，必须遵守市场规则。不仅如此，业主选聘物业服务企业，必须在平等、自愿、等价有偿、诚实信用的基础上，必须通过公开、公平、公正的市场竞争机制进行，必须纳入市场秩序。制定市场规则，维护市场秩序，是政府履行物业管理市场监管职能的重要手段。因此，业主通过选聘物业服务企业的方式来对物业进行管理的，必须遵守物业管理的市场秩序，服从政府主管部门的监管。

（2）物业管理的依据是物业服务合同。物业管理活动的实质，是业主和物业服务企业以物业管理服务为标的进行的一项交易。市场经济条件下，交易的进行主要是以合同为纽带完成的，交易的双方就是合同的主体。物业管理作为一种市场行为，是通过物业服务合同的签订和履行得以实现的。物业服务合同，是业主和物业服务企业订立的关于双方在物业管理活动中的权利义务的协议，是物业管理活动产生的契约基础。物业服务企业是基于物业服务合同的约定来为业主提供物业管理服务的，物业服务企业为业主提供哪些服务，服务标准是什么，业主如何承担服务费用，以及业主与物业服务企业相互之间所承担的违约责任，都必须在物业服务合同中作出明确约定。物业服务合同确立了业主和物业服务企业之间被服务者和服务者的关系，明确了物业管理活动的基本性质。物业服务企业根据物业服务合同提供物业管理服务，业主根据物业服务合同交纳相应的物业服务费用，双方是平等的民事法律关系。

（3）物业管理的基本内容是维修、养护、管理物业以及维护环境卫生和秩序。物业管理的基本内容主要有两方面：一是对房屋及配套的设施设备和相关场地进行维修、养护、管理；二是维护相关区域内的环境卫生和秩序，包括物业服务企业提供的清洁卫生、秩序维护、装饰装修管理等服务。在履行物业管理基础服务义务的前提下，物业服务企业还可以接受业主和使用人的委托，为其提供物业服务合同约定以外的服务项目，例如，利用物业资源和客户资源开展多种经营，为业主提供租赁服务管理、物业招商、营销策划、销售代理等不动产投资理财服务。

本书主要介绍狭义的物业管理。

2.2.2 物业管理的目的

概括地讲，物业管理的目的是为了保证和发挥物业的使用功能，使其保值增值，达到社会收益和福利的最大化，为物业所有人和使用人创造整洁、文明、安全、舒适的生活和工作环境，最终实现社会、经济、环境三个效益的统一和同步增长，提高城市的现代文明程度和实现可持续发展。

对于物业管理的目的，我们从以下三个角度进行具体地分析和认识。

（1）从物的角度。通过物业管理，实现物业的保值增值。物业管理的对象首先是物业，没有物业，就没有物业管理。物业管理首先要管理物业、管好物业。房地产作为不动产，是一个国家最主要的自然社会资源和财富载体。对于一个家庭来说，拥有的房产或称物业是其最重要的财富之一。因此，许多国家都把实现物业的保值、增值作为物业管理的最终目的或首要目的。同时，这也是业主委托物业服务企业对物业实行统一有效管理的初衷。通过物业管理，确保和延长物业的使用期限，完善和增强物业的使用功能，实现物业的保值和增值，在实现业主利益最大化的同时也实现了社会总体效益和社会福利的最大化。

（2）从人的角度。通过以人为核心的物业管理，为广大住用人创造良好的生活、工作环境。物业为人所用，物业的产权人、使用人具有多元化的特征。在物业管理的具体实施过程中，其管理服务必须坚持以人为核心，通过开展全方位、多层次、高效率、高质量的管理服务工作，为广大住用人提供并保持整洁、文明、安全、舒适的良好生活、工作环境和秩序，以保障人们生活、工作的正常、有序进行。

（3）从社会的角度。通过物业管理，促进社区管理和社会的和谐和稳定，提高城市的现代文明程度。城市的基础是社区，每个社区又由众多的居住小区和其他物业组成。因此，从一定意义上讲，物业管理尤其是住宅小区的物业管理，是社区管理和城市管理的基础性工作之一。做好物业管理工作，就能保障和促进社会的和谐和稳定，提高城市管理水平和现代文明程度。

2.2.3 物业管理的层次

业主持有物业的目的，可以分为两方面，一是使用物业，二是获得投资回报。针对业主的不同层次的需求，物业管理可以分为以下三个层次。

1. 常规物业管理

常规物业管理定位于现场操作层面的管理，主要服务于业主和使用人对物业的使用需求，保障物业使用处于正常的运行状态，为业主和使用人提供良好的生活和工作环境。在住宅物业的管理中，常规物业管理占主导。

2．物业资产管理

作为资产的一种，不动产具有保值和收益的功能。物业资产管理更重视对收益性物业的经营，通常指超越具体的操作管理，也不局限于一处物业，而是站在投资人的角度监控物业服务企业的绩效，考察物业服务企业的工作能否有效地提升物业价值和提高投资回报，对其进行资产投资分析，指导物业服务企业制定物业发展的战略规划。

3．投资组合管理

投资组合管理的视野更加广阔，主要是以投资人的目标和风险特征为基础，为投资人制定全面的投资组合战略。投资组合管理主要监督物业购置以及资产管理、处置和再投资决策，以减少投资组合的整体风险。

目前，我国物业服务企业主要从事的是基础物业管理。在收益性物业管理中，一部分物业服务企业也从事物业资产管理工作。随着市场经济的发展，保险公司、社保基金等机构投资者将越来越多地关注小类房地产投资，资产管理和投资组合管理将日益成为物业管理行业新的增长点。

2.2.4　物业管理的特征

物业管理是城市管理体制和房地产管理体制改革的产物，是与房地产综合开发和现代化生产方式相配套的综合性管理；是与住房制度改革和产权多元化相衔接的统一管理；是与社会主义市场经济体制相适应的社会化、专业化、市场化的房屋管理。

1．社会化

物业管理的社会化，是指摆脱了过去那种自建自管的分散管理体制，由多个业主通过业主大会选聘一家物业服务企业的统一管理。物业的所有权、使用权与物业的管理权相分离，是物业管理社会化的必要前提，现代化大生产的社会专业分工，是实现物业管理社会化的必要条件。物业管理社会化，有两个基本含义：一是物业的所有权人要到社会上去选聘物业服务企业；二是物业服务企业要到社会上去竞聘可以接管的物业项目。在业主大会委托授权的范围内，集中实施统一管理，有利于提高整个城市管理的集约化程度，充分发挥住宅小区与各类物业的综合效益和整体功能，实现社会效益、经济效益和环境效益的协调发展。

2．专业化

物业管理的专业化，是指由物业服务企业从解决专业难点入手，充分运用专业方法，通过提供专业的物业服务产品来满足业主的需求。专业化要求物业服务企业具备专业的人员、专业的组织机构、专业的生产工具和专业的管理方法；要求物业服务企业运用先进的维修养护技术实施房屋及其设施设备的运行、维修和养护工作；要求建立市场准入制度，物业服务企业承接物业项目必须具备一定的资质等级，从业人员执业必须具备一定的职业资格。物业服务企业资质管理制度和物业管理师制度，是物业管理专业化的两大制度基础。

3. 市场化

市场化是物业管理的基本特征,双向选择和等价有偿是物业管理市场化的集中体现。在市场经济条件下,物业管理的属性是交易,提供的商品是服务,交易的方式是等价有偿。业主通过招标投标方式选聘物业服务企业,物业服务企业按照现代企业制度组建并运作,是自主经营、独立核算、自负盈亏、独立承担民事责任的企业法人。物业服务企业向业主和物业使用人提供物业服务,业主和物业使用人支付物业费以换取物业服务的消费。在物业管理市场中,业主有权选择物业管理单位,物业管理单位必须靠自己良好的经营和服务,才能进入和占领物业管理市场。物业管理活动必须遵循市场规律,在等价有偿的基础上实现业主和物业服务企业之间的公平交易。物业服务企业的商业性和物业管理活动的市场化,是物业管理可持续发展的经济基础。

2.3 物业管理的内容与环节

【案例】

嘉宝纵横拓展型商业模式

科技"纵向延伸至房地产业的整个链条,横向涵盖消费者个性化需求"是四川嘉宝资产管理集团股份有限公司(以下简称蓝光嘉宝)的品牌标签,也是现代物业服务企业一种典型商业模式(图2-1)。

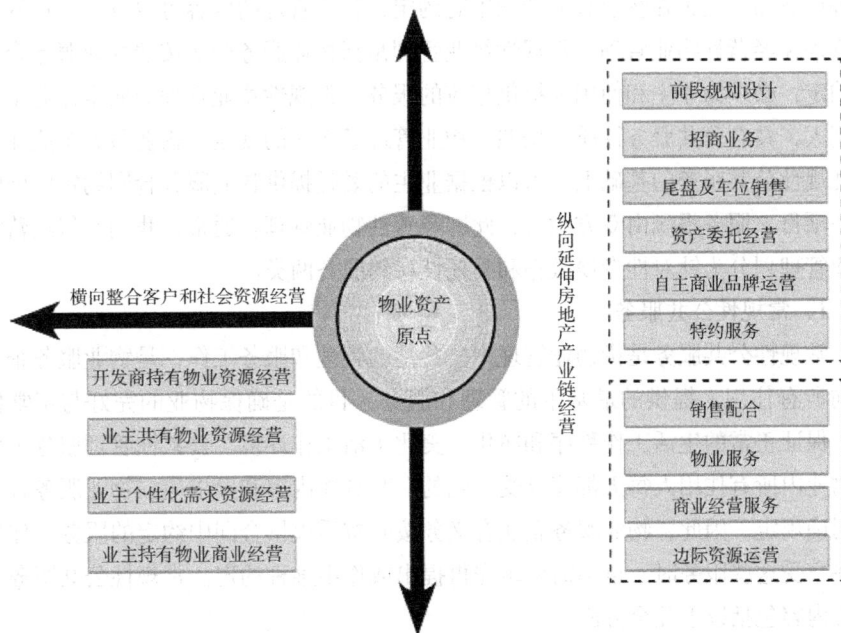

图2-1 蓝光嘉宝纵横拓展型商业模式

蓝光嘉宝一直以来都坚持走市场化自主发展的道路，并且成功总结出了"以物业服务为原点，纵向整合房地产产业链，横向涵盖业主个性化需求"的商业运作模式，让企业的经营收入不拘泥于物业服务费。

"纵向延伸房地产业的整个链条"可以说是蓝光嘉宝对于物业管理自身定位的重新"破与立"。蓝光嘉宝采用了通过物业管理综合价值体系的开发，完成对房地产全流程产业链的介入与服务，从中收获远超基础服务的利润与来自各方的身份认同。

如果说蓝光嘉宝在房地产全产业链的覆盖对于部分物业服务企业来说还会有复制的难度，那么蓝光嘉宝对于消费者个性化需求的体察与满足则对每一个有着创富愿景的物业服务企业都有借鉴意义。蓝光嘉宝的经验证明，作为直面消费者（业主）的一线服务部门，物业服务企业完全可以把重点放到对社区及消费者资源深度掌控并统筹整合上。通过对消费者需求的细分，将服务涵盖并满足其各类个性化需求。同时，蓝光嘉宝围绕为客户创造价值，以物业资产管理为架构，通过搭建集中化经营平台，形成强大的资源转化能力。实现公司从劳动密集型企业向技术密集型、资源密集型经营模式提档升级，奠定了企业的生命力。

资料来源：《城市开发》2015年第4期，24～25页。

我们可以从横向和纵向分别对物业管理活动加以剖析，横向体现物业管理的内容，纵向展示物业管理的不同环节。

2.3.1 物业管理的内容

在物业管理体系的横切面上，物业管理活动涉及的领域相当广泛。根据物业管理服务项目是否在物业服务合同中有约定，物业管理的内容可以分为常规性物业管理和经营性物业管理。常规性物业管理是指物业服务企业按照物业服务合同的约定，必须为业主和使用人提供相应的服务。常规性物业管理面向全体业主和使用人，具有公共服务性质。按照《物业管理条例》的规定，物业服务企业在做好常规性公共服务的基础上，可以根据业主的委托提供物业服务合同约定以外的服务项目，服务报酬由双方约定，此即经营性物业管理。通常，我们又将经营性物业管理划分为针对性专项服务和委托性特约服务两类。

1. 常规性公共服务

常规性公共服务是指物业管理中公共性的管理和服务工作，是物业服务企业面向所有住用人提供的最基本的管理和服务，目的是确保物业的完好与正常使用，保证正常的生活工作秩序和净化、美化生活工作环境。公共性管理服务工作是物业内所有住用人每天都能享受得到的，其具体内容和要求应在物业服务合同中明确规定。因此，物业服务企业有义务按时按质提供合同中约定的服务，住用人在享受这些服务时，也不需要事先再提出或作出某种约定。常规性公共服务的主要内容包括以下几个方面。

（1）房屋建筑主体的管理与维护。主要任务是保持房屋完好率，确保房屋使用功能，努力使房屋保值增值。

（2）房屋设备、设施的管理与维护。主要任务是保持房屋及其配套附属的各类设备设施完好和正常使用。

（3）环境卫生管理服务。主要任务是净化物业环境，保持管理区域内卫生清洁。

（4）绿化管理服务。主要任务是美化物业环境，保障住用人生活、工作环境更加舒适、健康。

（5）秩序维护管理服务。主要任务是维护物业管理区域内人们正常的工作、生活秩序。

（6）消防协助管理服务。主要任务是从技术和人力两方面（通常称作"技保"和"人保"），协助相关部门做好管理区域内消防安全防范工作。

（7）交通协助管理服务。主要任务是对管理区域内的车辆停放及行驶安全进行管理，为住用人提供安全、便利的生活环境。

（8）装饰装修管理服务。主要任务是对管理区域内业主的装饰装修活动进行监督。

2. 针对性专项服务

针对性专项服务是指物业服务企业面向广大住用人，为满足其中一些个人、群体或单位的某种特定需要，而提供的各项服务工作。其特点是物业服务企业事先设立各种服务项目，并将服务内容与质量、收费标准公布，当住用人需要这种服务时，可自行选择。专项服务实质上是一种代理业务，是为住用人排忧解难，提供生活、工作方便。专项服务是物业服务企业开展多种经营的主要渠道，其性质上属于物业经营服务。

专项服务涉及千家万户，覆盖日常生活的方方面面，内容比较繁杂。物业服务企业应根据所管辖物业的基本状况和住用人的需求以及自身的能力，开展全方位、多层次的专项服务，并不断加以拓展。

专项服务的内容主要有以下几大类。

（1）日常生活类。是指物业服务企业为广大住用人提供的日常生活中衣、食、住、行等方面的各项家政、家务服务。

（2）商业服务类。是指物业服务企业为开展多种经营活动而提供的各种商业经营服务项目，包括各商业网点的开设与管理和各项经营活动的开展等。

（3）文化、教育、卫生、体育类。是指物业服务企业在文化、教育、卫生、体育等方面开展的各项服务活动，包括各类相关设施的建立与管理，以及各种活动的开展。

（4）金融、中介服务类。是指物业服务企业培养具有相关金融知识的员工，为业主办理保险等金融业务，也可以接受业主委托，开展各类中介代理服务。如代办各类保险，代理市场营销、租赁，进行房地产评估与公证及其他中介代理工作。需要注意的是，有些中介代理工作必须具有相应的资格或委托具有相应资质条件的机构和人员进行。

（5）社会福利类。社会福利类指物业服务企业提供的带有社会福利性质的各项服务工作，如照顾孤寡老人，拥军优属等。这类服务一般是以"低偿"或"无偿"的方式提供。需要注意的是，这类服务所需成本费用未征得广大业主同意时，不得由业主分摊。

3. 委托性特约服务

委托性特约服务是为满足产权人、使用人的个别需求，受其委托而提供的服务。特约服务通常是指在物业服务合同中未要求、物业服务企业在专项服务中未设立，而物业产权人、使用人特别提出的需求。此时，物业服务企业应在力所能及的情况下，尽量满足其需求，提供特约服务。

特约服务实际上是专项服务的补充和完善。当有较多的住用人有某种需求时，物业服务企业可将此项特约服务纳入专项服务。该服务并非必须存在，物业服务企业有权决定是否提供。

上述三大类管理与服务工作是物业管理的基本内容。物业服务企业在实施物业管理时，第一大类是最基本的工作，是必须做好的；同时，根据自身的能力和住用人的需求，确定第二大类中的具体服务项目与内容；物业服务企业应该采取灵活多样的经营机制和服务方式，以人为本做好物业管理的各项管理与服务，并根据业主和使用人的要求，适时增加特约服务，不断拓展其广度和深度。

2.3.2 物业管理的环节

纵向上，与房地产开发过程相匹配，物业管理可以分为三个环节：早期介入阶段、前期物业管理阶段、日常物业管理阶段。物业管理的环节及时间节点如图2-2所示。

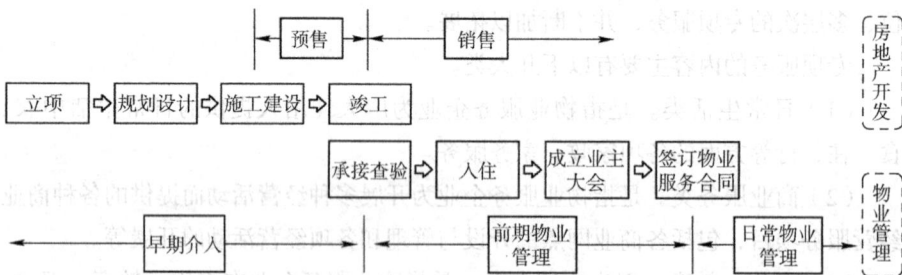

图2-2 物业管理环节及时间节点示意图

1. 早期介入阶段

项目早期介入是指新建物业竣工之前，建设单位在项目的立项（可行性研究）、规划设计、施工建设、营销策划、竣工验收阶段所引入的物业服务咨询活动，物业服务企业从业主使用和物业服务的角度对物业的环境布局、功能规划、楼宇设计、材料选用、设备选型、配套设施、管线布置、施工质量、竣工验收等方面提出的合理化意见和建议，以便建成的物业更好地满足业主和物业使用人的需求，方便物业服务工作的开展。

项目早期介入对建设单位而言并非强制性要求，而是根据项目管理的需要进行选择，可以由物业服务企业提供，也可以由专业咨询机构提供。早期介入是建设单位在项目开发各阶段引入的物业服务专业技术支持，在项目的开发建设中起着积极的作用。早期介入服务的对象是建设单位，由建设单位与物业服务企业或咨询机构签订协议并支付项目早期介入服务费用。

2．前期物业管理阶段

前期物业管理是指在业主、业主大会选聘物业服务企业之前，由建设单位选聘物业服务企业实施的物业管理。前期物业管理期限自物业承接查验开始，至业主委员会代表业主与业主大会选聘的物业服务企业签订物业服务合同时止。前期物业管理是物业服务企业对新物业项目实施的物业管理服务，服务的对象是全体业主，并按规定向业主收取物业管理服务费用。

在前期物业管理期间，物业服务企业从事的活动和提供的服务，既包含物业正常使用期所需要的常规服务内容，又包括物业共用部位、共用设施设备承接查验，业主入住，装修管理，工程质量保修处理，物业管理项目机构的前期运作、前期沟通协调等特殊内容。

3．日常物业管理阶段

在前期物业管理阶段，物业服务企业是由建设单位代替业主选聘的。当管理区域已交付的专有部分面积超过建筑物总面积50%时，业主可以按相关法律文件要求的程序，组织成立业主大会和选举产生业主委员会。业主委员会代表业主与业主大会选聘新的物业服务企业并签订物业服务合同后，前期物业服务合同终止，同时物业管理活动进入稳定的日常物业管理阶段。

概括地说，日常的物业管理服务包括两方面内容：一是对房屋及配套的设施设备和相关场地进行维修、养护、管理；二是维护相关区域内的环境卫生和公共秩序。

2.4 物业管理的主体

从物业管理市场的角度看，可以将物业管理的主体分为需求主体、供给主体、调控主体和其他主体。

2.4.1 物业管理的需求主体

物业管理市场的需求主体包括业主及非业主使用人。

1．业主的概念

房屋的所有权人为业主。根据《物权法》和《最高人民法院关于审理建筑物区分所有权纠纷案件具体应用法律若干问题的解释》（法释〔2009〕7号）的规定，以下自然人或者法人应当认定为业主：一是依法登记取得建筑物专有部分所有权的；二是因人民法院、仲裁委员会的法律文书或者人民政府征收决定取得建筑物专有部分所有权的；三是因继承或者受遗赠取得建筑物专有部分所有权的；四是因合法建造、拆除房屋等事实行为取得建筑物专有部分所有权的。

另外，基于与建设单位之间的商品房买卖民事法律行为，已经合法占有建筑物专有部分，但尚未依法办理房屋所有权登记的自然人或者法人，可以认定为业主。

2. 业主的三个层次

业主可以划分为三个层次：单个业主、业主大会和业主委员会。这三个层次均属于业主的范畴，但在物业管理的具体运作中所处的地位和作用不一样，所具有的权力也是完全不同的。

（1）单个业主。单个业主即专有部分的所有权人，可以是自然人，也可以是法人，如某单位或某企业。

（2）业主大会。业主大会是一种组织形式，一个管理区域内的全体业主组成业主大会。根据物业管理区域的划分成立，一个物业管理区域成立一个业主大会。只有一个业主，或业主人数较少且经全体业主同意不成立业主大会的，由业主共同履行业主大会职责。物业管理区域内已交付的专有部分面积超过建筑物总面积50%时，可以成立业主大会。业主大会代表和维护全体业主在物业管理活动中的合法权利，履行相应的义务。

（3）业主委员会。业主委员会是业主大会的常设机构，经业主大会从全体业主中选举产生，由5至11人单数组成，业主委员会委员应当是物业管理区域内的业主。业主委员会是业主大会的执行机构，向业主大会负责。

业主大会和业主委员会，对业主损害他人合法权益和业主共同利益的行为，有权依照法律法规和管理规约，要求停止侵害、消除危险、排除妨害、赔偿损失。业主大会或者业主委员会的决定，对业主具有约束力。

3. 非业主使用人

物业的承租人、借用人或者其他物业使用人，由于不拥有物业的所有权，因此不能参与物业的实际管理。但作为物业的实际使用人，享有接受物业服务的权利，承担物业管理中的社会责任，并受管理规约和相关法律法规的约束。《最高人民法院关于审理物业服务纠纷案件具体应用法律若干问题的解释》（法释〔2009〕8号）明确指出，"因物业的承租人、借用人或者其他物业使用人实施违反物业服务合同，以及法律、法规或者管理规约的行为引起的物业服务纠纷，人民法院应当参照本解释关于业主的规定处理。"

非业主使用人与业主在物业管理活动中拥有的权利上的最大区别，是非业主使用人不具有在业主大会上的投票权。

2.4.2 物业管理的供给主体

物业管理市场的供给主体是指物业管理服务的供给者，主要指物业服务企业。

1. 物业服务企业的概念和特征

物业服务企业是依法成立、具备专门资质并具有独立企业法人地位，依据物业服务合同从事物业管理相关活动的经济实体。根据这一概念，我们可以将物业服务企业的特征归纳为以下三点。

（1）物业服务企业是独立的企业法人

物业服务企业是从事物业服务活动的市场主体。作为市场主体，应当具有相应的主体资格，享有完全的民事权利能力和行为能力，能够独立地承担民事责任。《物业管理条例》明确规定，从事物业管理活动的企业，必须是独立的法人。按照《民法通则》的规定，法人是具有民事权利能力和民事行为能力，依法独立享有民事权利和承担民事义务的组织。物业服务企业应当具有独立的法人资格，意味着物业服务企业应当具备下列条件：

① 依法成立。依法成立是指依照法律规定而成立。这是程序性要件，也就是说，物业服务企业的设立程序要符合法律法规的规定。

② 有必要的财产或者经费。物业服务企业属于营利性法人，必要的财产和经费是其生存和发展的前提，也是其承担民事责任的物质基础。

③ 有自己的名称、组织机构和场所。名称是企业对外进行活动的标记，其确定应当符合《企业名称登记管理规定》等法律法规的规定；组织机构是健全内部管理的需要，如股份公司应当设立董事会、股东大会、监事会等；场所是物业服务企业进行经营活动的固定地点，不仅表示企业的存在具有长期性，而且可依据经营场所确定与之相关的其他一些问题，如合同的履行、诉讼的管辖等问题。

④ 能够独立承担民事责任。如果企业不能就自己行为承担相应责任，就不具备独立的主体资格。独立承担民事责任是建立在独立财产基础之上的，如果企业没有独立的财产，是不可能独立承担民事责任的。

物业服务企业严格遵循法定程序建立，拥有一定的资金、设备、人员和经营场所；拥有明确的经营宗旨和符合法规的管理章程，具备相应的物业管理资质；独立核算，自负盈亏，以自己的名义享有民事权利，承担民事责任；所提供的服务是有偿的和营利性的。

（2）物业服务企业属于服务性企业

物业服务企业的主要职能是通过对物业的管理和提供多种服务，确保物业正常使用，为业主和物业使用人创造一个舒适、方便、安全的工作和居住环境。物业服务企业本身并不制造实物产品，它主要是通过常规性的公共服务、延伸性的专项服务、随机性的特约服务、委托性的代办服务和创收性的经营服务等项目，尽可能实现物业的保值和增值。因此，物业服务企业的"产品"就是服务，与工业企业等其他经济组织是有区别的。

（3）物业服务企业具有一定的公共管理性职能

物业服务企业在向业主和物业使用人提供服务的同时，还承担着物业区域内公共秩序的维护、市政设施的配合管理、物业的装修管理等，其内容带有公共管理的性质。

2. 物业服务企业的运行模式

目前，我国物业服务企业的运行模式主要有两种：

（1）建设单位的关联公司

建设单位的关联公司有两种情况。一种是由物业的开发建设单位投资成立的法人或非法人物业服务企业，是建设单位的下属子公司；另一种是与建设单位同属于一个上级公司，与建设单位是平行的子公司关系。这类物业服务企业过去的主要管理对象仅限于与其密切关联的建设单位开发的物业项目，近年来随着物业管理市场化进程的不断推进，越来越多的物业服务企业除接管建设单位开发的项目以外，也会通过市场获取更多的物业管理项目。

（2）独立的物业服务企业

独立的物业服务企业是指不依附于物业开发建设单位或其他单位，独立注册、自主经营、自负盈亏的物业服务企业，通常称为第三方物业服务企业。第三方物业服务企业最显著的特征就是独立，即不依赖于建设单位和业主中的任何一方。

上述两种类型的物业服务企业，在经营管理过程中各有所长。有建设单位背景的物业服务企业，可以顺理成章地接管建设单位开发的物业项目，在项目拓展方面压力较小，但也容易受到建设单位的制约，甚至承担一些本应由建设单位承担的义务。独立的物业服务企业没有稳定的项目来源，需要主动参与市场竞争，自己到市场上承揽项目，开发经营的压力相对较大。但没有了建设单位的牵绊，其在经营管理中有更大的自由度，在建设单位、业主、物业服务企业的三角关系中也更容易被业主认可和接受。

目前来说，这两种模式在我国物业管理市场上同时存在、互为补充。但不管采用哪种运行模式的企业，都应明确物业管理活动的服务对象是业主，服务宗旨是保障业主的核心利益和核心价值。

3. 物业服务企业的设立

根据《公司法》和《物业服务企业资质管理办法》的规定，物业服务企业的设立程序分为工商注册登记和资质审批两个阶段。

（1）工商注册登记

按照《公司法》规定，企业设立须向工商行政管理部门进行注册登记，在领取营业执照后，方可开业。

1）企业名称的预先审核。物业服务企业可结合行业特点，根据所管理物业的名称、地域、公司发起人等起名。起名时必须符合《公司法》的有关规定。根据公司登记管理的有关规定，物业服务企业应当由全体股东或发起人指定的代表或委托的代理人申请企业名称的预先核准，经工商行政管理部门批准后，获得《企业名称预先核准通知书》。

2）公司地址。应以物业服务企业主要的办事机构所在地作为公司的地址。

3）注册资本。

4）股东人数和法定代表人。

5）公司人员。

6）公司章程。公司章程是明确企业宗旨、性质、资金、业务、经营规模、组织机构以及利益分配、债权债务、内部管理等内容的书面文件，是设立企业的最重要基础条件之一。章程的内容因企业性质和业务的实际情况不同而有所不同。

物业服务企业在办理企业注册登记时，经审核符合规定的条件，由工商行政机关发给营业执照，公司即告成立。

（2）资质审批

《物业服务企业资质管理办法》规定，新设立的物业服务企业应当自领取营业执照之日起30日内，持下列文件向工商注册所在地直辖市、设区的市的人民政府房地产主管部门申请资质：

1）营业执照；

2）企业章程；

3）验资证明；

4）企业法定代表人的身份证明；

5）物业管理专业人员的职业资格证书和劳动合同，管理和技术人员的职称证书和劳动合同。

4．物业服务企业资质等级

根据《物业服务企业资质管理办法》的规定，物业服务企业的资质等级由高到低划分为一、二、三级。新设立的物业服务企业，其资质等级按照最低等级核定，并设一年的暂定期。按照该办法的规定，国务院建设主管部门负责一级物业服务企业资质证书的颁发和管理。省、自治区人民政府建设主管部门负责二级物业服务企业资质证书的颁发和管理，直辖市人民政府房地产主管部门负责二级和三级物业服务企业资质证书的颁发和管理，并接受国务院建设主管部门的指导和监督。设区的市的人民政府房地产主管部门负责三级物业服务企业资质证书的颁发和管理，并接受省、自治区人民政府建设主管部门的指导和监督。

2017年1月21日，国务院发布《国务院关于第三批取消中央指定地方实施行政许可事项的决定》（国发〔2017〕7号），文件提出"取消物业服务企业二级及以下资质认定"，同时明确"取消资质后，住房城乡建设部要研究制定物业服务标准规范，通过建立黑名单制度、信息公开，推动行业自律等方式，加强事中事后监管"。

5．物业服务企业的组织形式

物业服务企业应根据自身实际情况，选择适宜的组织形式。物业服务企业的组织形式有直线制、直线职能制、事业部制、矩阵制等。

（1）直线制。直线制是最简单的企业管理组织形式，它的特点是：企业各级领导者亲自执行全部管理职能，按垂直系统直接领导，不设专门职能机构（图2-3）。直线制的优点是领导能够集指挥和职能于一身，命令统一，责权分明，指挥及时；缺点是要求领导者通晓各种专业知识，具备多方面的知识和技能。这种组织形式适用于业务量较小的小型物业服务企业的初期管理，不能适用较大规模和较复杂的物业管理。

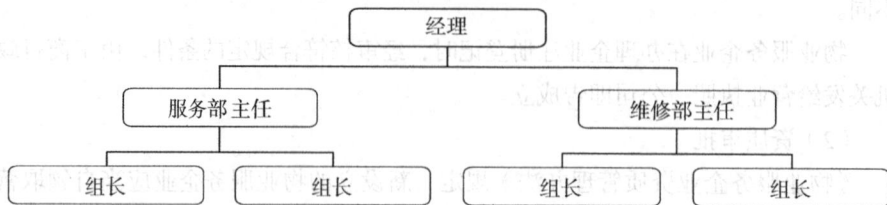

图2-3 某物业服务企业直线制组织结构示意图

（2）直线职能制。直线职能制以直线制为基础，在各级主管人员的领导下，按专业分工设置相应的职能部门，实行主管人员统一指挥和职能部门专业指导相结合的组织形式（图2-4）。直线职能制的特点是各级主管人员直接指挥，职能机构是直线行政主管的参谋。职能机构对下面直线部门一般不能下达指挥命令和工作指示，只是起业务指导和监督的作用。这种组织形式是目前物业管理机构设置中普遍采用的一种形式。直线职能制的优点是加强了专业管理的职能，适应涉及面广、技术复杂、服务多样化、管理综合性强的物业服务企业；缺点是机构人员较多，成本较高；横向协调困难，容易造成扯皮，降低工作效率。

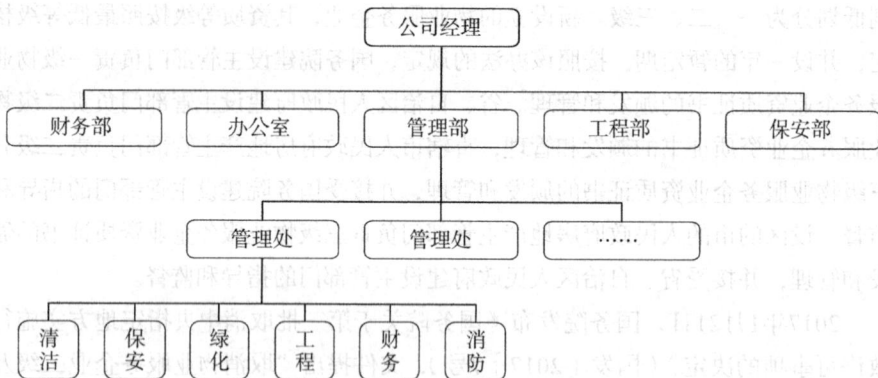

图2-4 某物业服务企业直线职能制组织结构示意图

（3）事业部制。事业部制是较为现代的一种组织形式，是管理产品种类复杂、产品差别很大的大型集团公司所采用的一种组织形式（图2-5）。这类集团公司按产品、地区或市场将公司分成几个相对独立的单位，即事业部。这种组织形式的主要特点，一是实行分权管理，将政策制定和行政管理分开；二是每个事业部都是一个利润中心，实行独立核算和自负盈亏。这种形式一般多由那些规模大、物业种类繁多、经营业务复杂多样的大型综合型物业服务企业借鉴采用。事业部制的优点，一是强化了决策机制，使公司最高领导摆脱了繁杂的行政事务，着重于公司重大事情的决策；二是能调动各事业部门的积极性和主动性，增强了企业的活力；三是促进了内部的竞争，提高了公司的效率和效益；四是有利于复合型人才的考核培养，便于优秀人才脱颖而出。主要缺点是事业部之间的协调困难，机构重叠，人员过多。

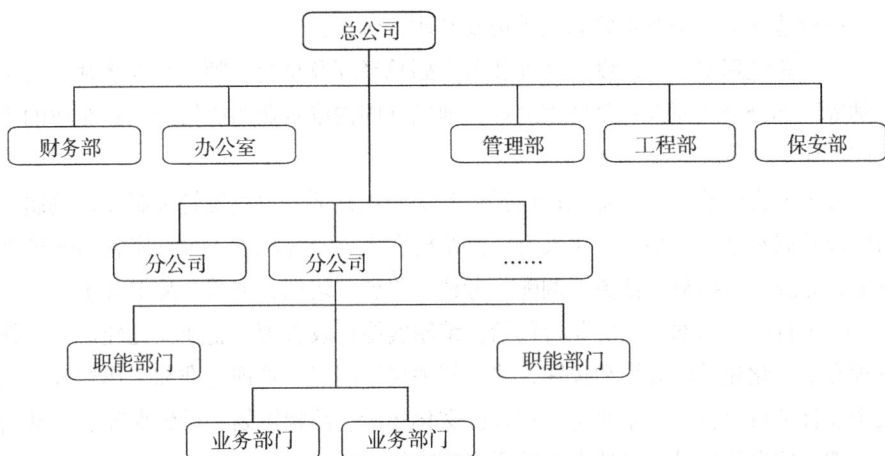

图2-5 某物业服务企业事业部制组织结构示意图

（4）矩阵制。矩阵制是在传统的直线职能制纵向领导系统的基础上，按照业务内容、任务或项目划分而建立横向领导系统，纵横交叉，构成矩阵的形式（图2-6）。其特点是在同一组织中既设置纵向的职能部门，又建立横向的管理系统；参加项目的成员受双重领导，既受所属职能部门的领导，又受项目组的领导。矩阵制的优点，一是加强了各职能部门之间的横向联系，充分利用了人力资源；二是有利于调动各方工作积极性，解决处理各自责任范围内的问题；三是具有较强的机动性和适应性。主要缺点，一是组织结构的稳定性较差，机构人员较多，容易形成多头领导；二是部门之间关系复杂，协调工作量比较大，处理不当容易产生矛盾。

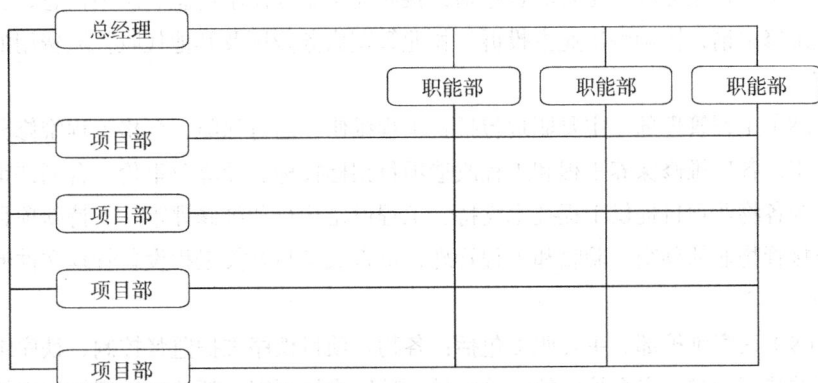

图2-6 某物业服务企业矩阵制组织结构示意图

6. 物业服务企业的职能机构

物业服务企业规模较大、管理的物业较多时，企业的总体结构可分为两级：企业总部和各项目管理机构（可以是项目公司、项目管理处、项目服务中心或项目服务处等）。在企业总部可以设置若干职能部门，分管各项目管理机构的不同业务；项目管理机构负责具体管理服务操作。

一般情况下，企业主要职能机构及其职责包括：

（1）总经理室。一般设总经理和若干副总经理及总会计师、总经济师、总工程师等，部分企业还设有总经理助理。他们共同构成企业的决策层，对企业的重大问题作出决策。

（2）人力资源部。主要职责包括：制定企业各项人力资源管理制度，编制人力资源发展和培训计划，优化人力资源结构和人力资源配置，设计实施薪酬管理方案，完成人员招募、任免、调配、考核、奖惩、培训、解聘、辞退等工作。

（3）行政管理部。主要职责包括：编制实施行政管理、企业文化建设、品牌管理和信息化建设的规划和预算，建立相关规章制度、管理标准和工作标准，完成企业日常行政管理、企业文化和社区文化建设、品牌策划、后勤保障、内部信息管理、信息化建设、对外事务的联络等工作。

（4）财务部。主要职责包括：编制财务计划，做好财务核算、成本控制、预算和决算管理、财务分析和财务管理等工作，督促检查各项目的财务收支情况，监督资金和资产的安全运作，增收节支，定期向总经理室汇报财务收支情况。

（5）品质管理部。主要职责包括：企业质量管理体系运行和维护，各物业项目服务品质监督，客户满意度评价及监督，管理评审，协助新物业项目建立质量管理体系，外部质量审核的协调，内部服务品质审核的组织协调，客户服务监督管理，客户关系管理，客户投诉处理等。

（6）市场拓展部。主要职责包括：物业管理市场调查研究，物业管理市场拓展，物业项目可行性研究分析，制作标书，投标管理，新接管物业项目前期介入管理的组织和协调，顾问项目管理与协调等。

（7）客户服务部。主要职责包括：接收业主服务需求信息、反馈信息，受理业主维修申请，协调解决业主投诉，物业管理服务费用及其他代收代缴费用的收缴等。

（8）工程管理部。主要职责包括：工程维修和运行保障，合格工程维修分包商评审，各项维修保养工程和工程改造项目招标投标、预算及审价、合同评审工作，为各物业项目提供工程技术支持、工程设备运行和维修评审，支持新项目做好新接管物业的移交、验收和工程管理，负责或参与有关工程设备管理文件的编制等。

（9）秩序维护部。主要职责包括：各物业项目秩序维护监督控制、秩序维护指导的统筹安排、安全检查的统筹安排、秩序维护评审、新项目秩序维护支持和协助、负责或参与有关标书秩序维护文件的编制等；具体负责公司秩序维护制度及工作计划的制订与实施，并监督、指导、协调和考核各项目的执行情况；完成安全巡查、安全投诉处理、定期消防安全检查等工作；协助项目对重大安全事故或突发事件的调查和处理。

（10）环境管理部。主要职责包括：负责清洁、绿化管理，保持环境卫生，实施企业对清洁和绿化分包方的监管等；具体负责指导、监督各项目清洁绿化日常维护保养工作；负责对承包方的监督检查与考核；负责制定公共环境卫生防护的各类管理措施，组织编制并实施项目清洁绿化的大、中型维护保养计划。

需要说明的是，各物业服务企业因公司规模、地域、经营范围等的差异，在组织架构的设计上各不相同。

2.4.3 物业管理的调控主体

物业管理市场的调控主体主要是指按照有关物业管理的法律、法规和规则，对物业管理市场参与者的交易行为等进行管理、协调的单位。包括各级政府的房地产行政主管部门及相关机构、物业管理协会等。

1. 行政主管部门

住房城乡建设部房地产业市场监管司负责全国物业管理市场的监督管理；拟定市场监管政策、措施并监督执行；提出物业管理行业的发展规划、产业政策和规章制度；拟定物业服务企业的资质标准并监督执行等。房地产市场监管司下设物业管理处，分管与指导监督全国的物业管理工作，规范全国的物业管理市场秩序，推动物业管理市场的健康有序发展。

各级地方物业管理行政管理机构主要按照国家有关物业管理市场发展与规范的宏观指导精神，负责制定本辖区的有关物业管理法规、政策和实施细则，并贯彻执行。还包括指导和监督物业服务企业、业主大会和业主委员会的具体工作，实行行业归口管理。

2. 市场调控职能部门

物业管理市场作为我国统一市场体系不可分割的一部分，当然也应纳入整个市场体系的管理调控范畴之内。市场监管职能部门主要有工商行政管理、公安、税务和物价等部门。工商行政管理部门主要负责物业管理市场的市场秩序管理；公安部门的主要职责是防范和打击物业管理市场的犯罪行为；税务部门主要负责监督物业服务企业依法纳税，查处偷税、漏税的活动；物价部门则主要负责制定物业管理服务价格和监督交易者执行价格政策等。

3. 物业管理行业协会

物业管理行业协会属于民间行业组织，是社会团体法人，不受部门、地区和所有制的限制，也不改变成员的企事业单位的隶属关系。它不以营利为目的，代表物业管理行业的共同利益，并为其服务。物业管理协会按照政府的产业政策和行政意图协助主管部门推动行业的管理和发展。物业管理协会根据政府主管部门的委托可以行使某些行业管理的职权。可以把物业管理协会看做物业服务企业与政府相关部门之间的纽带和桥梁，是政府主管部门的"助手"和"参谋"。

2.4.4 物业管理的其他主体

物业管理市场的主体，还包括建设单位、居民委员会、市政公用单位、专业性服务企业、中介机构、新闻媒体等与物业管理有一定联系的机构。

1. 建设单位

建设单位作为物业的开发建设者，与物业服务企业、业主等主体具有非常密切的关系。物业开发建设的品质，直接影响着后期物业管理的质量。建设单位在没有销售完商品房之前，拥有待销售房屋的产权，本身也是业主。

与其他销售行为不同，商品房销售是一个逐渐的过程，不可能等到建设单位销售完所有房屋，购房人全部入住，成立业主大会以后，才来选聘物业服务企业实施物业管理服务。业主大会成立之前的物业管理服务，也就是前期物业服务，客观上只能由建设单位选聘的物业服务企业来实施。但是在前期物业管理阶段，物业服务企业提供服务的对象不仅是建设单位，主要还是物业买受人，这就存在合同的签订者和合同权利义务的承受者在一定程度上分离的现象。为了解决这个问题，《物业管理条例》要求，物业买受人在与开发建设单位签订的房屋买卖合同中，必须包含建设单位与物业服务企业签订的前期物业服务合同的内容，以明确规范购房人承担前期物业服务合同中约定的关于物业管理的权利义务。业主在前期物业管理阶段接受物业管理服务，实际上是建立在三个契约基础之上：一是建设单位与物业买受人签订的包含前期物业服务内容的房屋买卖合同；二是建设单位制定并由物业买受人签署的临时管理规约；三是建设单位与物业服务企业签订的前期物业服务合同。根据《物业管理条例》，开发建设单位在物业管理活动中，应当履行以下十项义务：①签订前期物业服务合同；②制定临时管理规约并向物业买受人明示；③通过招标投标的方式选聘住宅物业的前期物业服务企业；④提供必要的物业管理用房；⑤不得擅自处分物业共用部位和公用设施设备的所有权和使用权；⑥与物业服务企业办理承接查验手续；⑦移交物业管理资料；⑧承担物业的保修责任；⑨承担未售出或未交付房屋的物业服务费；⑩参与筹建业主大会。

2. 市政公用单位

与业主日常生活、工作密切相关的供水、供电、供气、通信、有线电视等公共服务的提供者，我们统一称之为市政公用单位。这些单位向业主提供产品和服务，业主支付相应费用。因此，这些市政公用单位与业主之间也是一种合同关系，各自承担相应的权利义务。但是，这些市政公用单位与物业服务企业之间并没有这种合同关系，这些单位没有向物业服务企业收取应当由业主负担的有关费用的权利，物业服务企业也没有相应的交费义务。如果市政公用单位委托物业服务企业向业主收取有关费用，双方应当签订委托合同，确立委托关系。物业服务企业可以按委托合同的约定代这些单位向业主收取有关费用，委托合同同样应当遵循平等自愿原则。

3. 居民委员会

居民委员会（以下简称"居委会"）是居民自我管理、自我教育、自我服务的基层群众性自治组织，对于化解居民邻里之间矛盾、促进社会稳定发挥着重要的作用。居委会是和社区对应的组织，与物业服务企业的管理范围并不一定吻合。居委会协助街道办事处开展工作，其职责包括户籍、治安、计划生育、征兵、民政优抚、爱国卫生等管理工作以及退休、就业保障等社会服务工作。虽然是自治组织，但要办理许多政府的事务，具有明显的行政性色彩。

居委会和物业服务企业同是城市建设管理的最基层单位，是城市管理工作的重要组成部分。物业服务企业在追求经济效益目标的同时，也要注重社会效益。在日常物业管理过程中，积极支持和配合居委会的工作，支持并参与社区精神文明建设和物质文明建设。

4. 专业性服务企业

根据《物业管理条例》的规定，一个物业管理区域内，只能由一个物业服务企业实施物业管理。物业服务企业可以将物业管理区域内的专项服务业务委托给专业性服务企业，但不得将该区域内的全部物业管理一并委托给他人。近年来，越来越多的物业服务企业开始根据物业管理项目的特点，以合同的方式将绿化、保洁、保安、餐饮、设备运行等专业服务项目外包给专业性的公司经营。通过业务外包可以享受到专业化分工所带来的高效率，降低企业经营成本，提高服务质量，使企业资源集中在最具成本效益、最有价值的核心业务上，增强企业核心竞争力。同时，物业服务企业也要加强对外包企业的管理，确保专业服务质量。

5. 物业管理中介机构

物业管理的中介机构包括物业管理的咨询、代理和经纪等机构，尤指专门负责物业管理市场上的招标投标事宜的专业机构。物业服务企业在不十分熟悉如何在市场上投标，怎样参加投标成功机会更大的情况下，可以委托专业机构代理物业管理市场上的招标投标等诸多事项，以提高中标成功率及中标质量。物业管理市场的中介机构对物业管理行业的积极健康发展起着良好的推动作用。

6. 新闻媒体

新闻媒体既是社会公信力的代表，也是公众获取信息的主要渠道，具有很强的舆论引导、舆论监督职能。对于物业服务企业来说，新闻媒体的力量不容忽视。媒体通过对信息的汇总和传播，充分利用自身的优势发挥其在企业监督方面的作用，维护市场经济秩序，保障投资者的利益，促进社会和经济的全面发展。媒体对物业服务企业正面的报道，如社区文化建设的成就、解决大量劳动力就业等，可以提升物业服务企业的形象，提高企业的知名度；与此同时，媒体对物业服务企业负面的报道，如服务性价比不匹配、管理不到位、管理纠纷等，有可能对企业造成损害。

【案例】

开发商承诺免物业费，法院认定该承诺无效

湖南省安乡县某物业公司要求王女士交物业费，王女士以购房时开发商向其承诺可以终身免交物业费为由拒绝交纳物业费。近日，湖南省安乡县人民法院公开开庭审理这起物业服务合同纠纷案，判决王女士向物业公司交纳物业费7395.36元。

2005年1月1日，王女士与安乡某房产开发商签订了购房合同书，购买安乡县某花园小区的四套房屋。原告系该花园小区物业公司，与小区业主委员会签订了《物业管理服务合同》。王女士自2012年1月1日至2014年12月31日期间，只交纳一套房屋的物业费，而没有交纳另外三套房屋的物业费。王女士辩称，自己购买的四套房屋，一套用于自家居住，另外三套用于开办幼儿园。因计划开办幼儿园，当时与房产开发商约定按照幼儿园格局建造这三套房屋，且购房价格高于该小区普通房屋价格。因为开发商在购房合同书附件中对自己承诺了物业费"四套终身按一套收取"，自己才会决定购买这三套房屋，否则，自己不会购买。由此王女士拒绝交纳另外三套房屋的物业费。

法院经审理认为，购房合同书附件中"四套终身按一套收取"的约定对物业公司没有约束力，被告王女士不能由此主张免交另外三套房屋的物业费。法院最终判决王女士需向物业公司交纳物业费7395.36元。

法官说法

开发商的承诺属于无权代理行为。

这起案件的争议焦点在于开发商在售房时对业主作出的关于减免物业费的承诺对物业公司是否具有约束力，物业公司对此是否需要无条件地执行。

该案承办法官说，房地产开发公司与物业公司各自具有独立的法人资格，是两个不同的法律关系主体。王女士与房地产开发公司之间形成的是房屋买卖合同关系，而其与物业公司之间形成的是物业服务合同关系，这是两个完全不同的民事法律关系。在未获得物业公司授权委托的情形下，房地产开发公司无权擅自处分物业公司权利，无权在购房合同书附件中就物业费收取事项对被告作出承诺，减免物业费的承诺超越了房地产开发公司在房屋买卖法律关系中的应有权利范围，可以理解为房地产开发公司在售房时为促使被告成功购房所采取的一种商业促销手段。该承诺是一种无权代理行为，根据《合同法》的规定，无权代理行为在未经被代理人追认的情形下，对被代理人不发生法律效力。事实上，对于房地产开发公司为获取自身利益所作出的越权承诺，如果物业公司需要无条件执行的话，对物业公司而言显失公平。

该法官同时指出，房地产开发商在售房时为了打动购房者，往往会大力宣传楼盘优势，虚假或违法宣传的现象屡见不鲜：有的作出一些不属于自己权利范围内的承诺，如上述案例中擅自处分物业公司的收费权利；有的作出一些违法的承

诺，如售后包租承诺，即开发商承诺对购房者购买的商品房，由开发商承租或者代为出租并支付固定年回报；还有的对出售房屋的位置、环境、周边设施等作虚假宣传。开发商在通过这些虚假宣传诱导业主购房后，对售楼时的承诺往往置之不理，使业主遭受损失。因此，消费者在购房时要擦亮眼睛，以免因误导而购房，遭遇与王女士同样的苦恼。

文章来源：中国物业管理协会官网http://www.ecpmi.org.cn/NewsInfo.aspx?NewsID=3981.

2.5 物业管理的意义

2.5.1 物业管理的经济意义

1. 物业管理行业能为经济增长贡献份额

物业管理行业属于服务业，随着居民生活水平的不断提高，必将带来服务业的大力发展，物业管理行业通过主营业务及特约服务所创造的经济效益也不断增加，为国内生产总值贡献越来越多的份额。

2. 物业管理能推动房地产业的发展

物业管理的开展能有力地促进房地产业的发展，带动国民经济的持续增长。物业管理的开展克服了传统房屋管理简单低效等弊端，促进了房地产开发、经营、服务的配套和有机结合，顺应了房地产综合开发的大生产方式和房地产商品经济发展的要求，推动了城市房地产业运行体系的确立与完善，为房地产业的持续发展起了支撑与推动作用，从而带动国民经济的持续增长。具体地，对发展商来说，良好的物业管理能塑造发展商在公众中的良好形象，增强社会大众和投资者的信心，提升其产品价格，促进销售，从而易于形成公司经营的良性循环。

3. 物业管理可以使物业项目保值增值

对物业购、租（使用、经营、投资）者来说，好的物业管理可以使物业处于完好的状态，保持正常运行，给人以良好的居住、工作或经营环境，并能改善物业的功能，增强物业的适应性，延长物业的使用寿命，提高其市场价值，即能确保物尽其用，值其所值。

据测算，在50年的住房使用期内，包括房屋大、中修及设施设备改造和其他服务消费的累计支出贴现后，与购房当年住房价格的比例为1:1，混合结构住房为1.5:1。因此物业管理不但有利于刺激居民购房积极性，促进房地产业的发展，其本身也对扩大消费、拉动经济增长有重要作用。随着经济社会的发展，物业管理所创造的国内生产总值将会越来越多。

反之，没有良好的物业管理会加速物业的老化，造成物业的低效使用和社会财富的巨大浪费，阻滞房地产业的发展，抑制相关的消费增长，阻碍国民经济的良性协调发展，导致直接或间接的经济损失。

2.5.2 物业管理的社会意义

1. 发展物业管理有利于提高人们生活、工作质量

经济发展的根本目的是提高人们生活水平。提高居住质量是全面建设小康社会的重要任务。随着我国国民经济发展的第一步和第二步战略目标的顺利实现，人民生活实现了解决温饱和从温饱到小康的两大历史性跨越。居民消费需求由追求基本生活资料的满足，逐步向注重生活质量提高转变，向更高生活水平迈进。在住房方面，居民住房需求进入面积增加与质量提高并重，从单纯的生存型需求向舒适型需求转变的新阶段。提高居住质量，既要靠住宅建设的科技进步，大力推进住宅产业现代化，提高住宅规划、设计和建设水平，也要有良好的物业管理。好的物业管理改善了人居环境和工作环境，相应地也改善了市容市貌，促使人们安居乐业，改进人们的精神面貌，促进人际关系融洽、社会稳定。众多物业小环境的改善，也有力地促进城市生态环境的良性循环。

2. 发展物业管理有利于增加就业

就业是民生之本。我国当前和今后相当长一段时间就业需求都会十分强烈，就业形势会极为严峻和复杂。扩大就业是我国当前和今后长时期重大而艰巨的任务。物业管理就业容量大，对扩大就业具有重要作用。目前，物业管理吸纳的劳动力中大部分来自企事业单位下岗分流人员、农村剩余劳动力及部队复转军人等，对于缓解农村剩余劳动力向非农产业的转移和产业结构调整中的就业矛盾作出了重要贡献。今后相当长一段时期，随着住宅建设的持续快速发展以及旧住宅区物业管理范围的不断扩大，物业管理将保持快速发展，对增加就业将起到积极的推动作用。

3. 发展物业管理有利于维护社区稳定

维护社会安定是全面建设小康社会的重要保障。大力发展社会主义文化，建设社会主义精神文明是全面建设小康社会的重要任务。维护社区稳定、加强社区精神文明建设是整个社会安定和全社会精神文明建设的基础。随着社会经济体制的转型，社区建设越来越受到社会各界的关注，成为城市建设与管理的基础性工作。物业管理是社区服务的重要组成部分。社区居委会是居民自我管理、自我教育、自我服务的基层群众性自治组织；业主、业主大会的活动与社区建设和管理密切相关；物业服务企业对于维护社区环境和秩序具有积极作用。通过规范社区建设与物业管理各主体之间的关系，整合资源，可以推进物业管理与社区建设的协调发展，形成推进社区建设的整体合力，既有利于为居民创造良好的居住环境，也有利于促进社区安定和社区精神文明建设。

从多年的实践看，物业管理在维护社区秩序，协助公安等有关部门防范刑事犯罪，防止可能发生的火灾、燃气泄漏、爆炸等恶性事故中起到了重要作用。物业服务企业在努力提高管理服务水平的同时，配合有关部门和社区各类组织，积极开展社区文化活动，丰富了居民的业余生活，促进了居民的身心健康，推动形

成了邻里之间更加和谐的关系和良好的社会风尚，促进了社区精神文明建设。

4．发展物业管理有利于促进城市管理和环境的完善

物业区域是构成城市的基本单元，建筑物的容貌构成城市形象的主体，国际城市、花园城市的建设，离不开物业形象和物业环境的改善，每一个物业管理区域环境整洁、优美，秩序井然，城市整体的面貌和秩序才能得以提升。现在，物业管理已逐步从对新区管理延伸到建成区的管理，从对居住物业、商业物业的管理延伸到对学校、医院、军营、公园等各类公共建筑和特种物业及区域的管理。这样就为城市整体环境面貌的改善与提升提供了全方位的支持。

本章小结

物业的概念表述为："正在使用中和已经可以投入使用的各类建筑物及附属设备、配套设施、相关场地等组成的单宗房地产实体以及依托于该实体上的权益。"

物业管理，是指业主通过选聘物业服务企业，由业主和物业服务企业按照物业服务合同约定，对房屋及配套的设施设备和相关场地进行维修、养护、管理，维护相关区域内的环境卫生和秩序的活动。物业管理的常规性服务从时间上可以划分为三个阶段：早期介入、前期物业管理、常规阶段的物业管理。物业服务企业可以根据业主的委托提供物业服务合同约定以外的服务项目，服务报酬由双方约定。物业服务合同约定以外的服务项目即是指物业经营性服务。

物业管理行业的主体主要有需求主体、供给主体、调控主体和其他主体。不同主体在物业管理行业中所起的作用是不同的。

物业管理行业与房地产开发密切相关，物业管理行业的发展既依赖于房地产开发，又独立于房地产开发。随着物业管理行业的大力发展，服务范围不断扩大，服务手段不断创新，物业管理的经济意义和社会意义更加凸显。

课后习题

一、思考题

1．你对物业的概念和属性如何理解？
2．你对物业管理的概念如何理解？
3．物业服务企业如何处理与各方主体间的关系？
4．你如何理解物业管理与房地产开发的关系？
5．你如何理解物业管理的意义？

二、探究题

1．选择某大型物业服务企业，分析其组织结构形式与企业经营战略的对应关系。

2. 通过网络，搜集国内大型物业服务企业开展经营性物业管理服务的案例，分析总结物业服务企业开发经营性物业服务的主要途径，并进一步分析常规性服务与经营性服务之间的关系。

三、案例分析题

1. 小区广告位租赁收入物业管理公司不能独吞

在"国联大厦"小区，记者见到了小区的电梯广告和楼宇电视广告。据小区的"管家"——象屿物业管理公司的小区物业主任林女士介绍，"国联大厦"有自己的业主委员会，并定期召开业主代表大会。对于商家在小区做广告，"国联大厦"有一个专门的合同，经过业主委员会和物业公司双方同意后就可签约。合同规定，商家的广告由物业公司全权代理，业主不参与、不干涉。广告费归业主所有，物业公司从中提取10%～25%的管理费。商家要做广告必须签订《广告场地租赁合同》，否则无效。

记者采访了小区业主代表邱先生，邱先生说："业主大会决定，业主委员会已经把广告这块业务完全委托给象屿物业管理，广告费不是全部归我们业主所有，物业公司要收取部分管理费。我们业主收取的广告费主要用于补充专项维修资金。物业公司和业主本着平等、公平、互惠互利的原则达成合作协议，我个人认为这种做法值得提倡。"

但另一个小区的物业主任表示，电梯广告和楼宇电视广告是最近才出现的新生事物，所以这一块的收入在以前业主委员会与物业公司签订的托管合同中没有明确规定。当记者问到"目前这块收入是如何处置的？"他说是转到物业公司的户头上。在记者的追问下，他才表示可能以后会作为小区维修基金。而记者与该小区的几位业主沟通时，他们均表示："购房时业主已经为小区的公共区域付过公摊费，也就是说这些区域是属于小区业主共有的，其经营收入当然也应该归小区业主共有。不管这块收入是多还是少，都应该告诉我们业主。可是，到目前为止，对于这几年小区的公共区域广告收入，物业公司从来没有对我们提过，也没有与业主委员会沟通过。"

分析：《物业管理条例》第五章明确规定，利用物业共用部位、共用设施、设备进行经营的，应当在征得相关业主、业主大会、物业服务企业的同意后，按照规定办理有关手续，经营所得应当主要用于补充专项维修资金，也可以按照业主大会的决定使用。屋顶广告、公用建筑等出租，物业公司做了联系、沟通、管理等工作，应该得到相应的报酬，但决不能独吞。也就是说，业主有真正的收益权，扣除成本的实际利益归业主所有，物业公司只能收取管理费。看来，业主委员会没有用法律文本的形式与物业公司明确公共区域广告收入归属的做法是有欠稳妥的。

想一想：假如你是后一案例中的物业主任，在这种情况下，你应该怎么办？

2. 物业公司由"管理者"变成"服务员"

2007年9月1日，国务院公布了《国务院关于修改〈物业管理条例〉

的决定》以及新的《物业管理条例》的全文，在业主委员会的成立、业主对一些事项的决定和业主权益的保护等几个方面对原有的《物业管理条例》作了重要的修改，并且明确了物业公司"服务"的职能定位。新的《物业管理条例》将从2007年10月1日起开始实施。

（1）与《物权法》相适应——使业主投票权与《物权法》中业主投票权的确定方法相统一

国务院此次修改《物业管理条例》（以下简称《物业管理条例》），一个重要的原因就是要让《物业管理条例》与《物权法》相适应。

根据《物权法》的规定，业主在业主大会上的投票权是由业主拥有的物业建筑面积等确定的，所以，新修改的《物业管理条例》中删去了原来"业主在首次业主大会会议上的投票权，根据业主拥有物业的建筑面积、住宅套数等因素确定。具体办法由省、自治区、直辖市制定"的规定，以使《物业管理条例》中业主的投票权与《物权法》中业主投票权的确定方法相统一。

为了与《物权法》相适应，新的《物业管理条例》将旧的《物业管理条例》中有关规定修改为"业主大会会议可以采用集体讨论的形式，也可以采用书面征求意见的形式；但是，应当有物业管理区域内专有部分占建筑物总面积过半数的业主且占总人数过半数的业主参加"，还增加了"业主大会或者业主委员会作出的决定侵害业主合法权益的，受侵害的业主可以请求人民法院予以撤销"的规定。

《物权法》第七十六条以列举的形式，规定了七种由业主共同决定的事项，为了和《物权法》一致，此次的修改将旧《物业管理条例》中由业主共同决定的六种事项改成了和《物权法》一样的七种事项，而这七种事项中的相关表决比例也根据《物权法》作了相应的修改。分别是：一、制定和修改业主大会议事规则；二、制定和修改管理规约；三、选举业主委员会或者更换业主委员会成员；四、选聘和解聘物业服务企业；五、筹集和使用专项维修资金；六、改建、重建建筑物及其附属设施；七、有关共有和共同管理权利的其他重大事项。

（2）"管理者"变"服务员"——将"物业管理企业"改为"物业服务企业"

此次《物业管理条例》修改中的一大亮点就是根据《物权法》的有关规定，将"物业管理企业"修改为"物业服务企业"，将"业主公约"修改为"管理规约"，将"业主临时公约"修改为"临时管理规约"。这几个小小的名称变化，却表明了物业公司与业主的关系由原来的"管理"变成了"服务"，应该说，这是对物业和业主关系更加合理而明确的定位，物业公司本来就是全体业主花钱聘请的，从本质上说双方是一种服务与被服务的契约关系。

一直以来，物业与业主之间的矛盾摩擦不断，这很大程度上是因为物业和业主对自己的定位与双方之间的权责关系不甚明晰。变"管理"为"服务"，物业公司明确了服务的职能定位，业主明确了自己的权利义务，双方关系的处理也就有了明确的指导。

《物业管理条例》的修改中很多地方都与物业公司的这种职能转变有关，比如说《物业管理条例》规定，物业服务企业接受委托代收供水、供电、供气、供热、通信、有线电视等费用的，不得向业主收取手续费等额外费用。

物业公司与业主之间的服务关系也要用合同来确定和保障，《物业管理条例》规定，业主委员会应当与业主大会选聘的物业服务企业订立书面的物业服务合同，对物业管理事项、服务质量、服务费用、双方的权利义务、专项维修资金的管理与使用等内容进行约定。物业服务企业未能履行物业服务合同的约定，导致业主人身、财产安全受到损害的，应当依法承担相应的法律责任。

（3）更加维护业主权益——解聘物业只要1/2业主同意即可，而原来要求2/3同意

新《物业管理条例》更加注意业主权益的维护。根据修改后的《物业管理条例》，选聘和解聘物业服务企业，只要经专有部分占建筑物总面积过半数的业主且占总人数1/2的业主同意就可以了，这为业主更换不满意的物业公司提供了便利，大大提高了业主的自主性。在此前的规定中，这一比例要达到2/3才行。而对于"筹集和使用专项维修资金"和"改建、重建建筑物及其附属设施"这两项新增事项，《物业管理条例》则规定了更加严格的程序，而且要经专有部分占建筑物总面积2/3以上的业主且占总人数2/3以上的业主同意。

《物业管理条例》还规定，物业管理区域内按照规划建设的公共建筑和共用设施，不得改变用途。这样就能够避免各种私搭乱建行为的发生，有效地维护全体业主的利益。

由于《物业管理条例》规定了业主大会或者业主委员会作出的决定对业主具有约束力，为防止这种行为可能侵害到某一个体业主的权益，《物业管理条例》还赋予了被侵害权益业主获得司法救济的权利。

此外，新的《物业管理条例》也将一些现实中的做法以条文的形式固定了下来，比如说在新的《物业管理条例》中将物业所在地的街道办事处、乡镇人民政府也增加为成立业主大会的指导部门。

资料来源：人民日报，2007年9月13日。

思考：新《物业管理条例》将物业定位从"管理"改为"服务"的理论和现实意义？

3

物业管理
专业学习

本章要点及学习目标

　　掌握物业管理专业学习特点与方法；熟悉物业管理专业内涵，物业管理专业培养目标与规格；了解我国物业管理专业发展历程与学科基础，物业管理专业知识结构与课程体系；了解物业管理学科研究领域与发展动态。

3.1 物业管理专业的内涵

3.1.1 我国物业管理专业的发展历程

1. 物业管理高职高专教育的发展历程

物业管理行业的兴起与快速发展，带来了对物业管理专业人才的迫切需求，因而催生了物业管理专业的产生。1996年，北京林业大学、北京城市学院等高校在全国率先开设物业管理专科专业。2004年10月9日，教育部颁布了《普通高等学校高职高专教育指导性专业目录（试行）》（以下简称《目录》），首次对专科层次的专业目录进行了规范。此目录分设19个大类，下设78个二级类，共1170个专业，体现了以服务为宗旨，以就业为导向的原则，突出反映了高职高专教育的特色，促进了高等职业教育与就业创业教育的紧密结合。在土建大类、房地产二级类下，设有房地产管理、物业管理和物业设施管理三个专业（详见表3-1）。

2004年版普通高等学校高职高专专业目录（节选）[1]　　　表3-1

专业代码	专业名称
……	
56	土建大类
……	
5607	房地产类
560701	房地产经营与估价
560702	物业管理
560703	物业设施管理
……	

2015年10月26日，教育部对原《目录》进行了修订，颁布了《普通高等学校高等职业教育（专科）专业目录（2015年）》。新《目录》专业大类数量维持原来的19个不变，专业类调整增加到99个，专业总数调减到748个。其中，物业设施管理专业并入了物业管理专业（详见表3-2）。

根据教育部阳光高考网站数据显示，截至2015年底，全国开设物业管理高职高专专业的高校已经达到319家，年毕业生规模近10000人。[2]

2012年，全国高职高专教育土建类专业指导委员会房地产类专业分指导委员会组织编制了《高等职业教育物业管理专业教学基本要求》，对高职高专物业管理专业的培养目标与规格、教育内容及标准、专业办学基本条件和教学建议等进

---

[1] 教育部关于印发《普通高等学校高职高专教育指导性专业目录（试行）》的通知［EB/OL］.［2004-10-22］. http://www.moe.gov.cn/jyb_xxgk/gk_gbgg/moe_0/moe_495/moe_496/tnull_5984.html.

[2] 教育部阳光高考信息平台［DB/OL］. http://gaokao.chsi.com.cn/zyk/zybk/schools.action?specialityId=73386680&ssdm=.

行了规范。

2015年版普通高等学校高职高专专业目录（节选）^①　　　表3-2

专业类	专业代码	专业名称	专业方向举例	主要对应职业类别	衔接中职专业举例	接续本科专业举例
54 土木建筑大类						
5407 房地产类	540701	房地产经营与管理	房地产经纪、房地产估价	房地产中介服务人员	房地产营销与管理	房地产开发与管理、工程管理、工程造价、物业管理
	540702	房地产检测与估价		安全工程技术人员、房地产中介服务人员		房地产开发与管理、资产评估、工程管理、物业管理
	540703	物业管理	物业设施管理	物业管理服务人员、商务专业人员	物业管理	物业管理、工程管理、工程造价、房地产开发与管理

2. 物业管理本科教育的发展历程

物业管理行业蓬勃发展，其对高层次物业管理专门人才需求愈加迫切。2003年，广西大学获得国家教育部的第一个物业管理专业本科招生许可。而后，几乎每年都会有高校获得审批设置物业管理本科专业。其中大部分高校是在开办多年物业管理专科的基础上，升格开办本科专业的。截至2017年4月，全国经教育部备案或审批设立物业管理本科专业的高校共38所，其中985或211学校4所，应用型本科院校22所，独立院校12所，年毕业生规模1200人左右。各层次高校分布情况见表3-3。

全国开设物业管理本科专业高校一览表　　　表3-3

序号	开设年度	学校名称	学校层次
1	2003	广西大学	211
2	2004	武汉大学	985/211
3	2005	山东工商学院	应用型本科
4	2005	长沙学院	应用型本科
5	2007	内蒙古财经学院	应用型本科
6	2007	沈阳工程学院	应用型本科
7	2007	上海师范大学	211
8	2007	同济大学同科学院	独立院校
9	2007	广西大学行健文理学院	独立院校
10	2008	北京林业大学	211
11	2008	石家庄学院	应用型本科

---

① 教育部关于印发《普通高等学校高等职业教育（专科）专业设置管理办法》和《普通高等学校高等职业教育（专科）专业目录（2015年）》的通知［EB/OL］．［2015-10-28］. http://www.moe.edu.cn/srcsite/A07/moe_953/moe_722/201511/t20151105_217877.html.

续表

序号	开设年度	学校名称	学校层次
12	2008	四川文理学院	应用型本科
13	2009	南京工业大学浦江学院	独立院校
14	2009	信阳师范学院华锐学院	独立院校
15	2010	通化师范学院	应用型本科
16	2010	佳木斯大学	应用型本科
17	2010	河南财经政法大学	应用型本科
18	2010	重庆师范大学涉外商贸学院	独立院校
19	2010	成都信息工程学院银杏酒店管理学院	独立院校
20	2012	重庆工商大学融智学院	独立院校
21	2012	河北体育学院	应用型本科
22	2013	北京航空航天大学北海学院	独立院校
23	2013	四川师范大学文理学院	独立院校
24	2013	宿州学院	应用型本科
25	2014	吉林工商学院	应用型本科
26	2014	安徽师范大学皖江学院	独立院校
27	2014	河南牧业经济学院	应用型本科
28	2014	武汉工商学院	独立院校
29	2015	山西大学	应用型本科
30	2015	吕梁学院	应用型本科
31	2015	内蒙古师范大学鸿德学院	应用型本科
32	2015	辽宁科技学院	应用型本科
33	2015	福建江夏学院	应用型本科
34	2015	山东英才学院	应用型本科
35	2016	唐山师范学院	应用型本科
36	2016	福建师范大学协和学院	独立学院
37	2016	福建商学院	应用型本科
38	2016	新乡学院	应用型本科

数据来源：根据教育部历年公布的普通高等学校本科专业设置备案或审批结果的通知汇总整理。

2016年，高等学校房地产开发与管理和物业管理学科专业指导委员会组织编制了《高等学校物业管理本科指导性专业规范》，第一次较为全面和系统地提出了我国物业管理本科专业教学质量标准。

3．物业管理专业人才供需差异

我国物业管理行业经过三十五年的发展，从业人员队伍快速增长。据中国物业管理协会《2015物业管理行业发展报告》显示，截至2014年底，物业管理行业从业人员约为711.2万人，相比2012年的612.3万增长了16.2%，年增速达8%。然而，庞大的从业人员数量的背后，是文化结构和技能结构的不尽合理，高学历、高技能的专业人员严重缺乏。以行业发展水平较高的上海市为例，截至2014年底，全市物业管理行业从业人员约41.03万人，其中，大专及以上文化5.55万人，占从业人员总数的13.53%；中级以上职称1.65万人，占从业人员总数的4.02%。

近几年，随着"现代服务业"、"互联网+物业"等概念的提出，我国物业管理行业正在进入转型升级、跨越式发展的新阶段。因此，物业管理从业人员单一数量的增加，远远不能满足行业转型发展的需要。物业管理行业由劳动密集型向知识密集型的转变，要求其主要服务生产者从传统操作型向专业复合型转变，专业能级应不断细分，人力资源结构逐步向专业化、综合型、高端化转变。管理规模的扩大和业主要求的提高，使得行业对懂经济、会经营、善管理、知晓法律、具有开拓创新精神的复合型人才需求激增。

3.1.2　物业管理专业的学科基础

1．学科的概念

学科是相对独立的知识体系。学科有两层含义：一是指学术分类，指一定科学领域或一门科学的分支，如自然科学中的化学、生物学、物理学，社会科学中的法学、社会学等；二是指高校教学、科研等的功能单位，是对高校人才培养、教师教学、科研业务隶属范围的相对界定。

国务院学位委员会、教育部2011年联合颁布的《学位授予和人才培养学科目录（2011年）》（学位［2011］11号）分为学科门类和一级学科，作为国家进行学位授权审核与学科管理、学位授予单位开展学位授予与人才培养工作的基本依据，适用于硕士、博士的学位授予、招生和培养，并用于学科建设和教育统计分类等工作。学科门类分为哲学、经济学、法学、教育学、文学、历史学、理学、工学、农学、医学、军事学、管理学、艺术学共13个。每个门类下设若干一级学科，共计110个一级学科。如"管理学"门类下设有管理科学与工程、工商管理、农林经济管理、公共管理、图书情报与档案管理5个一级学科。

【资料】

学位授予和人才培养学科目录（2011年）

01 哲学	0403 体育学	0707 海洋科学
0101 哲学	05 文学	0708 地球物理学
02 经济学	0501 中国语言文学	0709 地质学
0201 理论经济学	0502 外国语言文学	0710 生物学
0202 应用经济学	0503 新闻传播学	0711 系统科学
03 法学	06 历史学	0712 科学技术史（分学科，可授理学、工学、农学、医学学位）
0301 法学	0601 考古学	
0302 政治学	0602 中国史	
0303 社会学	0603 世界史	0713 生态学
0304 民族学	07 理学	0714 统计学（可授理学、经济学学位）
0305 马克思主义理论	0701 数学	
0306 公安学	0702 物理学	08 工学
04 教育学	0703 化学	0801 力学（可授工学、理学学位）
0401 教育学	0704 天文学	0802 机械工程
0402 心理学（可授教育学、理学学位）	0705 地理学	0803 光学工程
	0706 大气科学	0804 仪器科学与技术

0805 材料科学与工程（可授工学、理学学位）

0806 冶金工程

0807 动力工程及工程热物理

0808 电气工程

0809 电子科学与技术（可授工学、理学学位）

0810 信息与通信工程

0811 控制科学与工程

0812 计算机科学与技术（可授工学、理学学位）

0813 建筑学

0814 土木工程

0815 水利工程

0816 测绘科学与技术

0817 化学工程与技术

0818 地质资源与地质工程

0819 矿业工程

0820 石油与天然气工程

0821 纺织科学与工程

0822 轻工技术与工程

0823 交通运输工程

0824 船舶与海洋工程

0825 航空宇航科学与技术

0826 兵器科学与技术

0827 核科学与技术

0828 农业工程

0829 林业工程

0830 环境科学与工程（可授工学、理学、农学学位）

0831 生物医学工程（可授工学、理学、医学学位）

0832 食品科学与工程（可授工学、农学学位）

0833 城乡规划学

0834 风景园林学（可授工学、农学学位）

0835 软件工程

0836 生物工程

0837 安全科学与工程

0838 公安技术

09 农学

0901 作物学

0902 园艺学

0903 农业资源与环境

0904 植物保护

0905 畜牧学

0906 兽医学

0907 林学

0908 水产

0909 草学

10 医学

1001 基础医学（可授医学、理学学位）

1002 临床医学

1003 口腔医学

1004 公共卫生与预防医学（可授医学、理学学位）

1005 中医学

1006 中西医结合

1007 药学（可授医学、理学学位）

1008 中药学（可授医学、理学学位）

1009 特种医学

1010 医学技术（可授医学、理学学位）

1011 护理学（可授医学、理学学位）

11 军事学

1101 军事思想及军事历史

1102 战略学

1103 战役学

1104 战术学

1105 军队指挥学

1106 军制学

1107 军队政治工作学

1108 军事后勤学

1109 军事装备学

1110 军事训练学

12 管理学

1201 管理科学与工程（可授管理学、工学学位）

1202 工商管理

1203 农林经济管理

1204 公共管理

1205 图书情报与档案管理

13 艺术学

1301 艺术学理论

1302 音乐与舞蹈学

1303 戏剧与影视学

1304 美术学

1305 设计学（可授艺术学、工学学位）

资料来源：《学位授予和人才培养一级学科简介》，高等教育出版社，2013.

博士、硕士学位，授至二级学科。我们通常说的博士、硕士点，指的是可以授予博士和硕士学位的二级学科的数目。而所谓获得一级学科博士学位授权，即是指在这个一级学科下的所有二级学科都有博士学位授予权。学士学位按学科门类授予。

2. 物业管理专业的学科体系

根据教育部《普通高等学校本科专业目录（2012年）》，高等学校本科教育专业按"学科门类"、"学科大类（一级学科）"、"专业（二级学科）"三个层次设置。

物业管理专业属于"管理学"门类下的"工商管理"大类，专业代码：120209。事实上，随着物业管理行业人才需求的变化，物业管理专业发展至今，已经成为一门横跨多学科的交叉专业。物业管理专业主干学科为工商管理和管理科学与工程，重要支撑学科有建筑学、土木工程、环境工程，以及工学、经济学、法学、社会学门类下相关学科。

（1）管理学门类

管理学是系统研究管理活动的基本规律和一般方法的科学。管理学是适应现代社会化大生产的需要产生的，它的目的是：研究在现有的条件下，如何通过合理的组织和配置人、财、物等因素，提高生产力的水平。管理学是一门综合性的交叉学科。管理学下设管理科学与工程、工商管理、农业经济管理、公共管理、图书情报与档案管理、物流管理与工程、工业工程、电子商务、旅游管理共

9个一级学科。详见表3-4。

普通高等学校本科专业目录（2012年）（节选）　　表3-4

12	学科门类：管理学
1201	**管理科学与工程类**
120101	管理科学（注：可授管理学或理学学士学位）
120102	信息管理与信息系统（注：可授管理学或工学学士学位）
120103	工程管理（注：可授管理学或工学学士学位）
120104	房地产开发与管理
120105	工程造价（注：可授管理学或工学学士学位）
1202	**工商管理类**
120201K	工商管理
120202	市场营销
120203K	会计学
120204	财务管理
120205	国际商务
120206	人力资源管理
120207	审计学
120208	资产评估
120209	物业管理
120210	文化产业管理（注：可授管理学或艺术学学士学位）
1203	**农业经济管理类**
120301	农林经济管理
120302	农村区域发展（注：可授管理学或农学学士学位）
1204	**公共管理类**
120401	公共事业管理
120402	行政管理
120403	劳动与社会保障
120404	土地资源管理（注：可授管理学或工学学士学位）
120405	城市管理
1205	**图书情报与档案管理类**
120501	图书馆学
120502	档案学
120503	信息资源管理
1206	**物流管理与工程类**
120601	物流管理
120602	物流工程（注：可授管理学或工学学士学位）
1207	**工业工程类**
120701	工业工程（注：可授管理学或工学学士学位）
1208	**电子商务类**
120801	电子商务（注：可授管理学或经济学或工学学士学位）

续表

12	学科门类：管理学
1209	**旅游管理类**
120901K	旅游管理
120902	酒店管理
120903	会展经济与管理

资料来源：《普通高等学校本科专业目录和专业介绍（2012年）》，高等教育出版社，2012。

（2）工商管理学科

工商管理学科是一门以社会微观经济组织为研究对象，系统地研究其管理活动的普遍规律和应用方法的学科。具体地说，工商管理学科以企业或经济组织的管理问题为研究对象，以经济学和行为科学为主要理论基础，以统计学、运筹学等数理分析方法和案例分析方法等为主要研究手段，探讨和研究企业或经济组织各项管理行为和管理决策的形成过程、特征和相互关系，以及企业作为一个整体与外部环境之间的相互联系，并从中探索、归纳和总结出旨在获得成效，提高效率的一般理论、规律和方法。

工商管理学科的研究目的是为企业或经济组织的管理决策和管理实践活动提供管理理论指导和科学依据，培养各类专业管理人才，提高企业经营管理效率，推动企业持续发展，从而促进社会经济的发展。

（3）管理科学与工程学科

管理科学与工程学科以研究人类社会管理活动和各种现象的规律为目标，从操作方法、作业水平、科学组织等不同层次进行研究，为解决管理问题，支持管理决策提供科学的量化分析结果。

管理科学与工程是自然科学、工程科学和社会科学等多种学科相互渗透、交叉融合而形成的综合学科。数学、行为科学、系统科学、技术科学、认知科学是该学科的理论知识基础。数学主要涉及概率论、统计学、运筹学和计算数学等；行为科学主要涉及经济学、社会学、心理学等；系统科学主要涉及系统论、控制论、耗散结构理论、协调论等；技术科学主要涉及信息科学、计算机科学、工业技术等；认知科学主要涉及脑神经科学、决策行为学等。

管理科学与工程学科以工程技术学科、数理科学和人文社会科学等为基础，运用建模、数理统计分析、实验、计算仿真、实际调研等方法，对各种管理问题进行设计、评价、决策、改进、实施和控制，为管理决策寻得一个有效的数量解。

3. 物业管理相关专业简介

（1）房地产开发与管理专业

房地产开发与管理专业属于管理学门类、管理科学与工程大类下的本科专业，主干学科为管理科学与工程，重要支撑学科有工商管理、公共管理、土木工程、建筑学、城乡规划学以及其他经济学、管理学、法学门类下相关学科。该专业依托系统化和专业化的方法，提高房地产行业领域决策水平和管理效率，解决相关领域技术与管理问题，具有管理学和工程学交叉学科的特点，既重视专业的理论与方法，又强调应用性与实践性。

房地产开发与管理专业培养具备适应社会主义现代化建设需要，适应房地产行业领域要求的相关综合素质，掌握房地产行业领域的技术知识，掌握与房地产开发与管理相关的技术、管理、经济和法律等基础知识，具有较高的科学文化素养和专业综合素质，具有良好的职业道德、创新精神和国际视野，可以适应对房地产项目进行全寿命和全过程管理要求的高级专门化人才。毕业生可报考注册建造师、注册造价工程师等国家执业资格考试，能够在房地产、投资、咨询、设计、施工、金融与保险等行业领域企事业单位及政府部门从事项目决策、项目开发、市场营销、物业管理等工作。

房地产开发与管理专业的核心专业知识领域包括工程技术基础、管理学理论和方法、经济学理论和方法、法学理论和方法、计算机及信息技术五部分。相关课程见表3-5。

房地产开发与管理专业的核心专业知识领域　　　　　　表3-5

序号	知识领域	主干课程
1	工程技术基础	工程图学、工程力学、房屋建筑学、工程结构、工程项目管理、建筑工程施工技术、建筑设备、工程造价管理
2	管理学理论和方法	管理学、组织行为学、人力资源管理、房地产经营管理、房地产开发、房地产估价、运筹学、房地产市场营销、房地产经纪、物业管理
3	经济学理论和方法	经济学、工程经济学、房地产经济学、房地产投资分析、房地产会计、房地产金融、财务管理
4	法学理论和方法	经济法、房地产法、房地产合同管理
5	计算机及信息技术	AutoCAD、建筑信息模型（BIM）

（2）工程管理专业

工程管理专业属于管理学门类、管理科学与工程大类下的本科专业，主干学科是管理科学与工程，主要支撑学科有土木工程以及经济学、法学等。该专业的主要管理对象包括建筑工程、道路与桥梁工程、铁道工程、地下建筑与隧道工程、港口与航道工程、矿山工程、水利工程、石油工程、电力工程等。

工程管理专业培养适应社会主义现代化建设需要，德、智、体、美全面发展，掌握土木工程或其他工程领域的技术知识，掌握与工程管理相关的管理、经济和法律等基础知识，具备较高专业综合素质与能力，具有职业道德、创新精神和国际视野，能够在土木工程或其他工程领域从事全过程工程管理的高级专门人才。毕业生可报考注册建造师、注册造价工程师等国家执业资格考试，能够在勘察、设计、施工、监理、投资、房地产、造价咨询等企事业单位及政府部门从事工程项目管理、教学和科研等工作。

工程管理专业的核心专业知识领域包括土木工程或其他工程技术基础、管理学理论和方法、经济学理论和方法、法学理论和方法、计算机及信息技术五部分。相关课程见表3-6。

工程管理专业的核心专业知识领域　　　　　　　　　　表3-6

序号	知识领域	主干课程
1	土木工程或其他工程技术基础	工程制图与识图、工程材料、工程力学、混凝土结构设计、工程测量、建筑工程施工、房屋建筑学
2	管理学理论和方法	工程管理导论、管理学、工程项目管理、工程估价、运筹学、应用统计学、工程合同管理
3	经济学理论和方法	经济学原理、工程经济学、工程财务、会计学
4	法学理论和方法	建设法规、经济法
5	计算机及信息技术	工程管理软件应用、工程计量计价软件应用

（3）工程造价专业

工程造价专业属于管理学门类、管理科学与工程大类下的本科专业，主干支撑学科为管理科学与工程、建筑工程相关学科以及经济学、管理学、法学门类的相关学科。

工程造价专业培养适应社会主义现代化建设需要，德、智、体全面发展，掌握建设工程领域的基本技术知识，掌握与工程造价管理相关的管理、经济和法律等基础知识，具有较高的科学文化素养、专业综合素质与能力，具有正确的人生观和价值观，具有良好的思想品德和职业道德、创新精神和国际视野，全面获得工程师基本训练，能够在建设工程领域从事工程建设全过程造价管理的高级专门人才。毕业生能够在建设工程领域的勘察、设计、施工、监理、投资、招标代理、造价咨询、审计、金融及保险等企事业单位、房地产领域的企事业单位和相关政府部门，从事工程决策分析与经济评价、工程计量与计价、工程造价控制、工程建设全过程造价管理与咨询、工程合同管理、工程审计、工程造价鉴定等方面的技术与管理工作。

工程造价专业的核心专业知识领域包括工程技术基础、工程造价理论和方法、经济与财务管理、法律法规与合同管理、工程造价信息化技术五部分。相关课程见表3-7。

工程造价专业的核心专业知识领域　　　　　　　　　　表3-7

序号	知识领域	主干课程
1	工程技术基础	工程制图与识图、工程测量、工程材料、土木工程概论、工程力学、工程施工技术
2	工程造价理论和方法	管理学原理、管理运筹学、工程项目管理、工程估价专业概论、施工组织、工程定额原理、工程计量与计价、工程造价管理
3	经济与财务管理	经济学原理、工程经济学、工程财务、会计学基础
4	法律法规与合同管理	建设法规、经济法、工程招投标与合同管理
5	工程造价信息化技术	工程计量与计价软件、工程管理类软件

3.2 物业管理专业的培养目标与规格

《高等学校物业管理本科指导性专业规范（2016年版）》，提出了国家对物业管理专业本科教学的基本要求，规定了物业管理专业本科学生应该学习的基本理论及应掌握的基本技能和方法。规范也明确指出，各学校可根据自身定位和办学特色，对其中的条目进行细化，制定相应的专业培养方案，但不得低于本规范相关要求，鼓励各校高于本规范标准办学。

3.2.1 物业管理专业的培养目标

物业管理专业培养适应物业管理发展需要，具备良好的现代管理理论素养和职业道德，具备与物业管理相关的工程技术、经济、管理、法律、计算机信息技术基本知识及物业管理专业知识与技能，具备物业管理、服务、经营素质与能力，熟悉物业管理及房地产的有关方针、政策和法规，能够在物业服务企业、房地产开发与经营企业、中介机构、企事业单位及政府部门从事物业管理与物业资产经营管理的高素质、应用型、复合型专门人才。

3.2.2 物业管理专业的培养规格

1. 学制学位

高等学校物业管理本科专业基本学制为四年。实行弹性学制的，修业年限可以调整为3～6年。完成培养方案规定的课程和学分要求，考核合格，准予毕业。符合规定条件的，授予管理学学士学位。

2. 知识结构

（1）人文社会科学知识。掌握管理学、经济学、法学等方面的基本知识，熟悉哲学、社会学、心理学、政治学、历史学等社会科学基本知识，了解文学、艺术等方面的基本知识。

（2）自然科学基础知识。掌握高等数学基本知识，熟悉工程数学、环境科学、信息科学相关知识，了解可持续发展相关知识和当代科学技术发展现状及趋势。

（3）工具性知识。掌握一门外国语，熟悉计算机及信息技术的基本原理及相关知识。

（4）专业知识。掌握房屋建筑学、建筑识图、建筑材料、物业设施设备工程等工程技术知识；掌握经济学原理、工程经济学、房地产经济学、管理学原理、应用统计学、会计学、财务管理、经济法等经济、管理、法律支撑学科知识；掌握物业管理专业导论、物业管理理论与实务、设施管理、物业设施设备维护与管理、物业服务质量管理、物业经营管理、物业管理法规、服务营销、房地产估价、建筑智能化系统管理、物业管理信息系统及运用等物业管理专业知识。

（5）相关领域专业知识。了解建筑、规划、土木、环境、园林、设备、电气、工商管理、公共管理以及金融保险等相关专业基础知识。

3. 能力结构

（1）通用能力

① 运算能力。具有良好数学运算能力，能运用通用计算工具和软件解决生活和工作中的计算问题。

② 表达能力。能流畅熟练地运用汉语进行口头和书面表达，能较为熟练地运用一门外语进行口头和书面表达。

③ 沟通能力。能与一般交往对象进行良好的语言和心理沟通。

④ 规划能力。能为一件事情或一个特定任务做出计划、规划，能运用一定的策略与方法完成特定任务或达成一项目标。

⑤ 组织能力。能协调组织团队成员共同完成既定的任务。

⑥ 抗压能力。具备完成岗位职责的心理素质和承受困难与挫折的能力。

⑦ 信息查询检索能力。能运用通用方法和专业工具查找、检索所需资料信息。

（2）专业能力

① 专业识图能力。能识别基本的建筑规划设计图、建筑施工图、建筑设备安装图。

② 调查分析能力。能独立进行项目现场调查、资料收集、数据处理及分析。

③ 项目策划和方案撰写编制能力：能进行单一或综合项目的项目策划，能进行项目的技术经济分析与评价，能独立编写物业管理专项和综合经营、管理、服务方案与合同。

④ 专项工作组织实施能力。能独立负责或协同组织实施物业早期介入、承接查验、前期管理、维修管理、装修管理、设施设备管理、环境管理（秩序维护及保洁、绿化管理）、信息管理、能源管理、空间管理、质量管理、租赁（营销）管理、人力资源管理、财务管理、合同管理、外包管理、保险与风险管理及客户服务和社区文化活动组织等工作。

⑤ 外语应用能力。能运用外语服务外籍人士、吸收新专业知识、辅助解决专业问题。

⑥ 法规应用能力。能熟练应用国家及地方有关物业管理的各项法规、政策和标准开展专业工作，分析解决实际问题和案例，处理好各类纠纷与投诉。

⑦ 突发事件处理能力。能及时发现、识别、报告环境与事务异常和突发事件，能制定物业管理应急管理制度、应急预案，并能组织、督导或辅助处理常见的物业管理突发事件。

⑧ 项目综合管理能力。能独立或协助承担一个完整的物业项目的经营管理。

（3）创新能力

能及时发现工作中的问题，并具有一定的探究解决能力，具备创新和应用物业管理新方法、新技术、新模式的能力。

4．素质结构

（1）思想道德素质

具有良好的思想政治素质和正确的人生观、世界观、价值观；遵法履约、诚实守信、爱岗敬业、勇于担当，具有高度的社会责任感、良好的职业道德和团队合作精神。

（2）文化素质

了解中外历史，具备中国传统文化涵养，理解尊重不同的文化与风俗，有一定的文化与艺术鉴赏能力；具有兼收并蓄、积极进取、开拓创新的现代意识和精神；具有较强社会沟通和人际交往的意识和能力。

（3）专业素质

掌握本学科领域基础方法论，具有科学思维方法和习惯；具备严谨求实、理论联系实际、不断追求真理的良好科学素养；具有系统和辩证思维能力，能从综合效益最大化的专业角度优化工作方案，提升工作效率；具有预防和处理工作中风险、困难和关键问题的能力。

（4）身心素质

身体健康，达到相应的国家体育锻炼标准要求；能理性客观地分析事物，合理评价自己、他人与周围环境；具有较强的情绪控制能力，能自信乐观面对挑战和挫折，具有良好的心理承受能力和自我调适能力。

3.3　物业管理专业的知识结构与课程体系

物业管理专业教学内容分为知识体系、实践体系和大学生创新训练三部分，通过有序的课堂教学、实践教学和课外活动，实现学生的知识融合与能力提升。

3.3.1　主要指标与课程分布

1．主要指标

（1）基本学制为四年。实行弹性学制的，修业年限可以调整为3～6年。

（2）总学分数在155～175之间，总学时控制在2500学时左右。

（3）实践教学学分占总学分的比例≥20%。

（4）理论课程一般按16学时折算1学分，实践环节课程一般按1周折算为1学分。

2．课程总体分布

（1）人文社会科学基础知识、自然科学基础知识和工具性知识领域推荐课程20门，建议956学时。

（2）专业知识领域推荐课程23门，建议872学时。

（3）实践体系中推荐安排实践教学环节9个。其中，基础实验推荐32学时，专业基础实验推荐24学时，专业实验推荐32学时，实习推荐14周，课程设计推荐2周，毕业设计（论文）推荐14周。

课内教学与实践教学学时数（周数）分布见表3-8。

课内教学与实践教学学时（周数）分布表 表3-8

项目	工具、人文社会、自然科学知识	专业知识	自主设置知识	
			推荐选修单元	剩余选修单元
专业知识体系（按2500学时计）	956	872	384	288
	38%	35%	15%	12%
实践教学（周）	88学时＋30周			

3.3.2 知识体系

物业管理专业知识体系由人文社会科学基础知识、自然科学基础知识、工具性知识和专业知识四部分构成。物业管理专业知识包括知识领域、知识单元和知识点三级内容。知识单元是专业知识体系中专业知识领域的基本要素，由知识点构成，是物业管理专业教学中相对独立的基本教学内容（图3-1）。

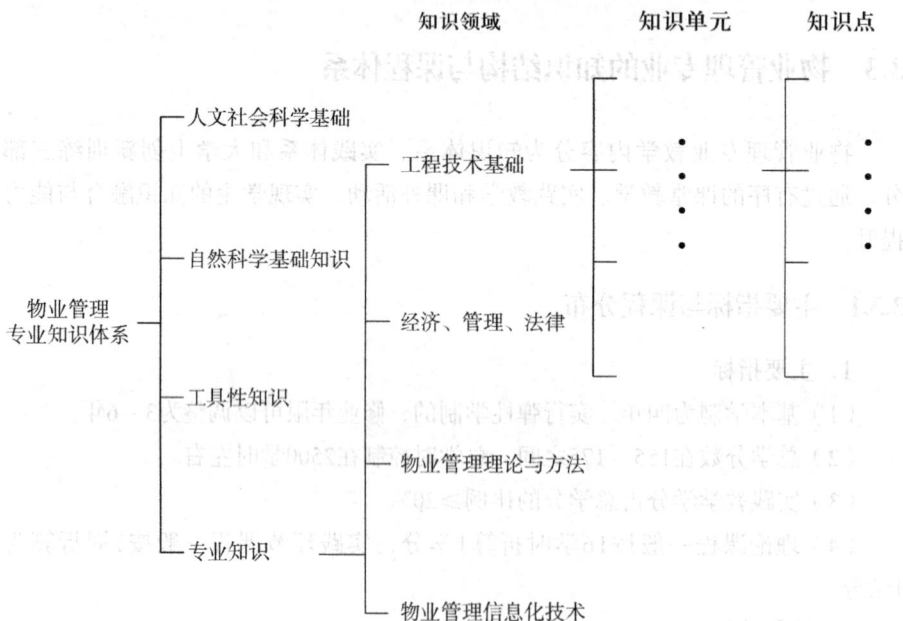

图3-1 物业管理专业知识体系图

1. 人文社会科学知识

人文社会科学知识包括哲学、政治学、历史学、法学、社会学、心理学、艺术、文学、体育、军事10个知识领域，见表3-9。

人文社会科学知识主干课程　　　　　　　表 3-9

编号	知识领域	主干课程
1	哲学	毛泽东思想和中国特色社会主义理论体系、马克思主义基本原理、中国近代史纲要、思想道德修养与法律基础、体育、军事理论、文学欣赏、艺术鉴赏、大学生心理健康教育、大学生职业发展与就业创业指导
2	政治学	
3	历史学	
4	法学	
5	社会学	
6	心理学	
7	艺术	
8	文学	
9	体育	
10	军事	
总计	10	10

2．自然科学基础知识

自然科学基础知识包括数学和环境科学基础2个知识领域，主干课程4门，见表3-10。

自然科学基础知识主干课程　　　　　　　表 3-10

编号	知识领域	主干课程
1	数学	高等数学、线性代数、概率论与数理统计、环境保护概论
2	环境科学基础	
总计	2	4

3．工具性知识

工具性知识包括外国语、信息科学技术、计算机技术与应用3个知识领域，主干课程5门，见表3-11。

工具性知识主干课程　　　　　　　表 3-11

编号	知识领域	主干课程
1	外国语	大学外语、计算机信息技术、文献检索、程序设计语言、数据库技术
2	信息科学技术	
3	计算机技术与应用	
总计	3	5

4．专业知识

专业知识包括工程技术基础，经济、管理、法律相关理论与方法，物业管理理论与方法，物业管理信息化技术4个知识领域，主干课程共23门，见表3-12。

专业知识主干课程 表 3-12

序号	知识领域	主干课程
1	工程技术基础	房屋建筑学、建筑识图、建筑材料、物业设施设备工程
2	经济、管理、法律相关理论与方法	经济学原理、工程经济学、房地产经济学、管理学原理、应用统计学、会计学、财务管理、经济法
3	物业管理理论与方法	物业管理专业导论、物业管理理论与实务、设施管理、物业设施设备维护与管理、物业服务质量管理、物业经营管理、服务营销、房地产估价、物业管理法规
4	物业管理信息化技术	物业智能化系统管理、物业管理信息系统及运用
5	总计	23

3.3.3 实践体系

物业管理专业实践体系包括实验、实习、设计、社会实践以及科研训练等方面，旨在通过这一环节的教学，培养学生具有分析、研究、解决实际问题的综合实践能力和初步科学研究的能力。实践体系包括实验、实习和设计三个领域。

1. 实验

实验领域包括基础实验、专业基础实验、专业实验3类5门实验课程，见表3-13。

实验领域课程 表 3-13

序号	实践环节	实践课程
1	基础实验	计算机及信息技术应用实验
2	专业基础实验	房屋构造实验
		建筑材料试验
3	专业实验	物业设施设备工程实验
		物业管理信息系统及应用实验
合计	3	5

2. 实习

实习领域实践环节包括认识实习、课程实习、生产实习、毕业实习4类。实习课程包括物业项目观摩、物业管理实务实习、物业专项实习和毕业实习等。各高校根据自身办学特色及所需培养的综合专业能力在实习内容和课程设置上会有所差异，见表3-14。

实习领域课程 表 3-14

序号	实践环节	实践课程
1	认识实习	物业管理项目观摩、社会调查
2	课程实习	与专业课程配套的实习
3	生产实习	物业专项管理服务现场实习
4	毕业实习	物业服务、管理、经营现场实习
合计	4	

3．设计

设计领域主要包括课程设计和毕业论文（设计）。实习课程包括物业管理投标书编制设计、房地产估价报告设计、毕业设计、毕业论文，见表3-15。

设计领域课程 表3-15

序号	实践环节	实践课程
1	课程设计	物业管理投标书编制设计
		房地产估价报告设计
2	毕业论文（设计）	毕业设计
		毕业论文
合计	2	3

3.3.4 大学生创新训练

物业管理专业人才的培养应体现知识、能力、素质协调发展的原则，注重大学生创新思维、创新方法和创新能力的培养。大学生创新训练与初步科研能力培养在整个本科教学和管理过程中贯彻实施，注重以知识体系为载体，在课堂教学中进行创新训练；以实践体系为载体，在实验、实习和设计中进行创新训练；选择合适的知识单元和实践环节，提出创新思维、创新方法和创新能力的训练目标，构建和实施创新训练单元。提倡和鼓励学生参加课外创新活动，如挑战杯、物业管理技能大赛、大学生创新创业训练计划等大学生创新实践活动。

【资料】

重要的全国性社会实践项目介绍

1．"挑战杯"全国大学生系列科技学术竞赛

"挑战杯"全国大学生系列科技学术竞赛是由共青团中央、中国科协、教育部和全国学联共同主办的全国性的大学生课外学术实践竞赛，共有两个并列项目，一个是"挑战杯"中国大学生创业计划竞赛，另一个则是"挑战杯"全国大学生课外学术科技作品竞赛。两个项目交叉轮流开展，每个项目每两年举办一届。竞赛官方网站：http://www.tiaozhanbei.net。

（1）"挑战杯"全国大学生课外学术科技作品竞赛

"挑战杯"全国大学生课外学术科技作品竞赛是由共青团中央、中国科协、教育部、全国学联和地方政府共同主办，国内著名大学、新闻媒体联合发起的一项具有导向性、示范性和群众性的全国竞赛活动。自1989年首届竞赛举办以来，竞赛始终坚持"崇尚科学、追求真知、勤奋学习、锐意创新、迎接挑战"的宗旨，在促进青年创新人才成长、深化高校素质教育、推动经济社会发展等方面发挥了积极作用，在广大高校乃至社会上产生了广泛而良好的影响，被誉为当代大学生科技创新的"奥林匹克"盛会。历经十届,"挑战杯"竞赛已经成为吸引广大高校学生共同参与的科技盛会、促进优秀青年人才脱颖而出的创新摇篮、引导高校学生推动现代化建设的重要渠道、深化高校素质教育的实践课堂、展示全体中华学子创新风采的亮丽舞台。

(2)"挑战杯"中国大学生创业计划竞赛

创业计划竞赛起源于美国,又称商业计划竞赛,是风靡全球高校的重要赛事。它借用风险投资的运作模式,要求参赛者组成优势互补的竞赛小组,提出一项具有市场前景的技术、产品或者服务,并围绕这一技术、产品或服务,以获得风险投资为目的,完成一份完整、具体、深入的创业计划。作为学生科技活动的新载体,创业计划竞赛在培养复合型、创新型人才,促进高校产学研结合,推动国内风险投资体系建立方面发挥出越来越积极的作用。

竞赛采取学校、省(自治区、直辖市)和全国三级赛制,分预赛、复赛、决赛三个赛段进行。国家级大学生创新创业训练计划由教育部组织实施,内容包括创新训练项目、创业训练项目和创业实践项目三类。

1)创新训练项目。是本科生个人或团队,在导师指导下,自主完成创新性研究项目设计、研究条件准备和项目实施、研究报告撰写、成果(学术)交流等工作。

2)创业训练项目。是本科生团队,在导师指导下,团队中每个学生在项目实施过程中扮演一个或多个具体的角色,通过编制商业计划书、开展可行性研究、模拟企业运行、参加企业实践、撰写创业报告等工作。

3)创业实践项目。是学生团队,在学校导师和企业导师共同指导下,采用前期创新训练项目(或创新性实验)的成果,提出一项具有市场前景的创新性产品或者服务,以此为基础开展创业实践活动。

2. 中国青年志愿者协会项目

中国青年志愿者协会(Chinese Young Volunteers Association,简称CYVA)成立于1994年12月5日,是由志愿从事社会公益事业与社会保障事业的各界青年组成的全国性社会团体,是中国共产主义青年团中央指导下的,由依法成立的省、自治区、直辖市青年志愿者组织和全国性的专业、行业青年志愿者组织和个人自愿结成的全国性的非营利性社会组织,是全国青联团体会员,联合国国际志愿服务协调委员会(CCIVS)联席会员组织。本协会通过组织和指导全国青年志愿服务活动,努力弘扬"奉献、友爱、互助、进步"的志愿精神,推动社会主义精神文明建设,促进社会主义市场经济体制的建立和完善,提高青年的整体素质,为经济社会的协调发展和全面进步贡献力量。本协会在宪法和法律许可的范围内开展工作。2010年5月,中国青年志愿者协会获得了联合国经济及社会理事会特别咨商地位。协会官方网站:http://www.zgzyz.org.cn。

协会开展的主要项目有:

(1)关爱行动。该行动以随父母进入城市的农民工子女和留在农村的农民工子女为主要服务对象，组织青年志愿者小组（或团队）与农民工子女建立结对关系，进行结对服务。

（2）西部计划。按照公开招募、自愿报名、组织选拔、集中派遣的方式，每年招募一定数量的普通高等学校应届毕业生，到西部基层开展为期1～3年的教育、卫生、农技、扶贫等志愿服务。

（3）阳光行动。"心手相牵，分享阳光"爱心助残活动，为具有特殊困难以及需要帮助的社会成员提供服务。

（4）暖冬行动。面向春运旅客的普遍性需求和老幼病残孕等重点旅客群体，开展引导咨询、秩序维护、重点帮扶、便民利民、应急救援。

（5）节水护水行动。以"关爱山川河流"为主题，组织动员广大青少年以志愿服务的方式，深入学校、社区、企业、乡村等地，广泛开展水利公益宣传、人人节水行动、河岸垃圾清理等节水护水志愿服务活动。

【故事】

一个大学生创新项目的启示

阅读的乐趣，不该仅仅为眼明者所有，盲人也需要一个广阔丰饶的阅读世界。北京交通大学学生游启麟、王天奇和苏立新，通过对传统盲文点显器的创新改进，用一年半的时间打造了便携式"盲文电子书"，为视障群体打开了一扇更大的窗户。3名学生凭借这个项目，不仅摘得第三届首都大学生科技创新作品与专利成果展示推介会创新金奖和最具人气奖，还与企业达成转化合作方案。

在日前举行的"诺基亚—北京交通大学创新实验室"启动仪式上，北京交通大学电信学院教师陈新分享了这项创新案例，他说，目前大学生创新普遍存在重复的现象，很多大学生创新项目只是顶着没有实质意义的"创新"虚名，大学生创新首先要深刻理解创新的含义。

让高精尖的装备"接地气"

陈新已连续4年参与对大学生创新项目的指导，他建议，大学生在开始创新项目前，可以进行大量的知识查询和技术搜索，"准备的过程，可以让他们思考自己为什么想做创新项目以及该如何推进创意的落地"。

游启麟团队的盲文点显器的创意，即是在搜索的过程中逐渐构建、成型的。关注盲人阅读后，他们发现盲人的阅读需求和现有产品存在很大落差。薄薄一本书，打印成盲文就有半米高，现有的盲文点显器售价一般在1万到2万之间，且多用于盲人教学，容量小、成本高、体积大。

团队组长游启麟是个科技爱好者，在一次对科技前沿论坛的"搜索"中，他发现了一种体积小、在其他领域广泛应用的特殊形变材料，完全可以满足盲文点显器上所需要的伸缩功能。正是反复搜索得到的这个新发现，打开了一道创新的大门。

陈新认为，创意往往来自交叉环境，线上和线下需求的沟通之间的空间，是衍生创意的沃土。他说，将高精尖、复杂的设备，改进成足以推而广之的产品，是一个逐渐简化和现实化的过程，是要"接地气"的创新。

没有时间精力投入一切都是零

确定改进盲文点显器的念头之后，游启麟的团队便铆足了全劲。课业繁忙时，他们甚至将漱口杯、牙刷、睡袋都搬到实验室，日夜兼程做实验。

第一代实验品粗糙简陋，被他们称为"辛酸与寒碜的理想与现实"，他们不以为忤，在一次次打造"牺牲品"的过程中遥望可能成功的那一个。

陈新说，正是学生的执着和韧劲让他感动，他也更加尽心地指导和牵线搭桥，联系盲人院试用，和科研院所磨合，与多家企业进行洽谈。

"如何让一个看似合理却几乎不可能的项目成为现实，没有固定的时间和精力投入，一切都是零。"在创新这道方程式中，陈新认为，实干是权重最大的常量。正是不吝辛苦、费力磨合，游启麟的团队才在完全没有经验的情况下，打造出初具形态的样机。

2014年12月，盲文点显器团队作为8个金奖作品项目团队之一进行现场推介，现场专家、风投机构代表、企业观众把最高的票数投给了他们。这个凝聚了爱心、想法和汗水的项目获得现场"最具人气奖"。

校企合作打造创新生态圈

现在，游启麟团队的实验样机已经实现了"半自动化"，很多零部件不再需要自己亲自动手打磨，而是由工厂专门定制。

出自3名大学生之手的新一代盲文点显器，将具有同样显示容量的产品成本压缩到了1000元以内；同时，试验机样品的厚度仅为当前市场上产品厚度的一半左右，在正常情况下，可以连续工作10个小时。

爱国者数码科技有限公司的产品总监看到媒体对盲文点显器的报道后，主动联系了北京交通大学电子信息学院，目前双方已经对该项目进行接洽，讨论进行产品转化的可行性，并达成了初步的合作意向。团队成员希望能进一步改进盲文点显器的体积和成本，未来他们希望把它做成一个真正的阅读器，"更薄更轻，更便宜"，并能够和手机相连，成为一个手机挂件。这个过程中，校外企业的加入、合作项目研发是关键。

3.4 物业管理专业的学习方法与特点

当同学们满怀新奇与向往走入大学校门时，迎接大家的是与中学迥然不同的生活环境和学习模式。面临变化，你之前赖以为生的学习方法或许不再奏效。而聪明的人应该会及时作出"战略转移"。

从小学到中学再到大学，伴随着学历的增长，同学们一步步地接近纷繁复杂的社会。大学阶段是人生的一个重要阶段，是人生成长、知识积累、能力培养和性格塑造的关键时期。在大学里，同学们将接受专业基本理论和基本技术的教育。与此同时，人的和谐发展与完善人格形成也需要专门教育，这是与大学的人文环境相融合的。进入大学，同学们才真正开始学习如何面对竞争与合作，如何在社会上找准自己的位置，如何实现自我全面发展等问题。大学是小舞台，也是人生的大舞台之一。如何利用好人生的这个专门舞台，学好专业知识，规划职业生涯，是每位同学成为一名全面发展的高级专门人才所必须解决的问题。

对于物业管理专业的学生来说，还必须关注社会、关注民生，及时了解我国现代服务业发展动态，并在专业实习、社会实践活动中，注重培养良好的职业道德修养和团队合作意识，具有较高的社会责任感。

3.4.1　大学学习的特点

随着科学技术的发展和社会经济水平的不断提高，大学逐渐成为知识经济的核心，成为技术创新、文化创新和观念创新的摇篮，成为培养高级专门人才、发展现代科学技术和服务社会经济的主要阵地。

1. 大学的特点

（1）大人生、大舞台

现代社会，人的职业选择与其教育背景紧密相连。接受过高等教育的人，具有更大的能力规划和设计自己的职业生涯，也具有更强的能力去把握社会。大学本身就是一个大舞台，而更为重要的是运用在这个舞台上尝到的知识和练就的能力去社会大舞台上进行表演。高等教育不仅可以使大学生的知识量显著增加，也可以使学生有再学习的能力，而且可以促进大学生道德水平的提高。这种道德水准的提升，主要表现在大学生的职业生涯设计上。大学生在接受高等教育的过程中，逐步学会用思辨的头脑、科学的视野，加深对职业本质的理解，学会以社会的发展、进步为标准不断调整、修正自己的职业规划，使自己更好地融入社会。正是在这种不断调整中，大学生的社会责任感和社会道德水平不断提高，逐步完成从"以自我为中心"向"以社会为中心"的转变。这种转变的完成，也就意味着个体真正意义上的社会成熟。

大学因其深厚的文化底蕴吸引来大批学子，大学新生的到来又为大学的发展注入了新鲜的血液。大学新生既是大学的客人，又是大学的主人。大学生来自国内各个省市，甚至来自不同国家，在这个大集体中，观点相互碰撞，思想相互交流，信息相互沟通，共同构筑了这个人生特定阶段的大舞台。

（2）大环境、大视野

现代大学校园面积宏大、教学资源丰富、师资力量雄厚、图书数量众多，学生、教师来自五湖四海，多元化的文化理念交汇，科技水平先进，这是大学具备大环境、大视野的根本原因。相当数量的大学具有博士、硕士培养权，也具有浓厚的学术氛围和人文环境，更经常举办国际水平的学术交流活动。因此，大学的大视野主要体现在两个方面：一是参与学术交流的机会增多，二是体验多样化的人才培养模式。

大学是知识密集、人才密集的场所，这种高度集中特性决定了大学有频繁的学术交流活动。大学里浓厚的学术氛围促使学生就共同关心的话题展开讨论，在这种非正式的交流、沟通中，大学生会听到许多不同的声音，在不知不觉中拓展了自己的学术视野。在大学里，各种学术报告、讲座非常多，大学生可以近距离地感受到学术大家的风范，学到治学的方法和科学的精神，这对于学生以后的深造、成才具有重要意义。大学作为社会文化中心、学术中心和科技中心，能够满足社会各方面工作的指导与咨询责任，帮助社会解决在发展过程遇到的种种理论和实际问题。

培养专门人才是大学最基本的职能。大学在培养专门人才的过程中，必然集中大量具有丰富科学理论和方法的专家，设置科类齐全的专业学科，购置先进的科学仪器，收藏丰富的文献资料，扩展广泛的信息来源渠道，创造良好的科学研究氛围，为培养国际思维、国际视野和竞争力的一流人才奠定基础。大学生除了学习本专业的必修课之外，还可以跨学科、跨专业选修自己感兴趣的课程。为了更好地促进学生的成长，一些大学之间加强了横向联系，实行学生的双向流动，允许一部分大学生到另外一所大学学习，互相承认学分。现在开展国际交流的大学越来越多。有的大学给大学生提供科研经费、提供参与科研的机会，或鼓励大学生创业。按照理论型、应用型和技术型的专业人才培养模式，为大学生的成长提供了广阔的天地。

多渠道的学术交流、多样化的人才培养模式，一方面使大学生"眼光向内"，学会从一个更高的平台、更科学的角度分析、认识自己的能力和个性特点，另一方面使他们学会"眼光向外"，把本学科、专业的特点同社会对人才的要求结合起来，从中寻找适合自己的学习方法、治学策略。大学生也可以对自己未来的生活、工作、事业、家庭等展开想象，并逐步付诸实践。

（3）大智慧、大知识

大学传授的是高、精、尖的知识，甚至是国际前沿领域的知识。大学所培养的人才，具有高度的逻辑能力、交流能力、创新能力。这对大学生的整体素质，尤其是思维能力、实践能力都提出了较高的要求。因此，大学生在学习理论知识，并在实践中运用和发展这些知识的过程中，思维能力会得到长足的发展，从具体的感性思维，逐步发展到理性、抽象的思维。虽然大学设置了不同的学科和专业，不同的专业对于培养人才的具体标准也有差别，但在培养学生的理性思维能力方面，却具有高度的一致性，体现了"殊途同归"的特点。接受过高等教育的人和未受过高等教育的人的不同，不仅表现在所拥有的知识的数量上，更多体现在对知识的组织、管理的不同形式上，这种对知识的有效组织、管理的能力就是理性思维能力。理性思维能力具有辩证性、多角度、多层次性等特点，较中学阶段的简单的一元线性思维模式有着本质的不同。具有这种思维能力的人，目光更敏锐，对事物的本质及其发展趋势的理解、判断更全面、更准确。这种思维方式，无论对于治学或处世来说，都是十分必要的，可以称为"大智慧"。

　　2. 大学与中学学习的差异

　　大学阶段，除了教书以外，还强调育人，帮助学生形成正确的人生观和世界观，强调培养学生的创新能力。未来社会要求人们具有竞争意识、效益意识、法律意识、国际意识和创新意识。为此，大学必须突出人的进取性和创新精神，成为推动社会发展最活跃的因素。创造力是人才的核心，大学教育的目的是要使学生有突破、超越的能力，这是大知识、大智慧的体现。

　　中学与大学学习相比，无论在学习任务、学习内容和学习方法上都发生了很大的变化，它是一种与专业需要直接挂钩的、层次更高的、需要进一步发挥积极主动精神的学习。与中学教育相比，大学给学生提供了更多的自学空间和条件，个人可以利用大量的课余时间去自学去钻研，也可以去参加娱乐活动，一切全靠自觉；大学有众多的学生社团和丰富多彩的社团活动，但是个人也可以选择独处和隔离。表3-16是中学与大学学习特点的比较。

大学与中学学习特点的比较　　　　　　　　　　　　表3-16

序号	项目		中学	大学
1	学习目标		基本素质的培养	成为优秀高级人才
2	学习要求		掌握基本知识，为将来的深造打基础	具备高级全面素质，掌握专门知识与专门能力，课程成绩优良
3	学习自主性		自主学习范围小，预先教师安排多	自主学习范围大，课外学习由学生自己安排，要求学习生活的独立能力强
4	课程内容	层次性	课程不分层次	大致分为三层（阶段）：基础课（基础理论）、应用基础（技术科学）、专业课（应用技术）
		数量质量	少而浅	多而深
		时代性	粗浅的经典知识	深层的经典知识与现代科技前沿知识
		选修课程	少	课程多，内容广，人类知识无所不包，是学生因材施教的重要阵地
5	实践性教学		少	多
6	学习方法		自学少	自学多，强调自学能力的培养。注重理论联系实际，解决实际问题
7	思维方式		模仿、记忆多，一般性理解多	深层次理解多，创造性学习多

　　大学与中学的学习最根本的不同是大学学习是研究性的学习，如果说中学是"要我学"的话，大学则是"我要学"。大学阶段与中学阶段相比，教学要求、学习的主动性、学习知识的广度、深度、核心课程体系、教学方法、学习方法等均有明显差异。

　　（1）教学目的不同

　　中学主要是传授基础科学、文化知识，本质上是一种中等水平的普通教育和基础教育，是为学生的继续深造和就业做一般性的基础文化知识准备，基本上不需要考虑学生未来职业发展的具体要求。大学教育则主要是一种按专业分类的专门教育，其教学目标是瞄准未来社会生产建设和社会发展的实际需要，尽可能照顾到未来具体职业。因此，大学教育是培养高级专门人才的成才教育，大学所传授的知识既有基础知识，又有专业知识。既重视实际动手操作技能的培养，又有本学科研究前沿的最新成就和动向的介绍与探索。大学所培养的人才既有学术型、研究型，也有应用型、技术型。

（2）教学内容不同

大学与中学教学内容在深度和广度上都有较大差别。中学的教学内容是多目、全面的、不确定方向的，内容也相对比较浅显。而大学的教学则是一种基本定向的专业教学，无论从专业知识、课程体系的深度和广度都是中学所不能比拟的。大学还提供了大量的选修课、辅修课、第二学位课程等交叉学科的课程，实行的是完全意义上的学分制学习。

（3）教学要求不同

中学要求"吃透书本"，强调把教学大纲规定范围内的教学内容背得"滚瓜烂熟"，甚至达到"炉火纯青"的地步。大学则主要在于获取新知识，培养继续学习的能力。与获取知识相比，能力的培养和素质的提高，无疑是更重要的。特别是高等教育的信息化导致新的教育技术革命，教学手段、教学目标、教学内容、管理方法等发生质的飞跃，学生不必受统一教材、统一进度、统一知识获取方式的制约，可以自由驰骋。

（4）教学方法不同

中、小学一切教学活动基本上全由教师安排，由教师"领着走"。学生在学习活动中已形成了被动性、依赖性的学习习惯。大学则大量地使用分层次教学，大学要"自己走"、"放单飞"。大学老师的教学，立足于学生自学，注重培养学生的自学能力，上课时一般不会面面俱到，只讲解重点、难点。且注重培养专业，培养学生独立学习的能力，对学生的学习过程不像中、小学管得那么具体、细致。很多课堂教学已远不是知识和应试技巧的传授，而更多的是引导性的、探讨性的、甚至是质疑性的。而学生的学习目的和动机更加明确，学习的主动性增强。

在大学的学习过程中，既有大课堂教学的数学、英语类理论教学，也有到社会和企业进行锻炼的实践教学；既有统一进行的课堂教学，也有体现个人能力的综合性、设计性的实验教学和一人一题的课堂设计，甚至还有在教师的实际工程、科研项目中进行锻炼教学和学习的机会。

3. 大学学习的主要特点

（1）计划性

大学阶段的学习有严密的计划性和阶段性，且知识范围广、自主学习任务重。大学生必须根据专业培养目标的要求，在教师的指导下，学会制定严密的学习计划，并严格执行。

（2）专业性

大学学习是以专业理论知识和基本技能方法的掌握为主要任务，围绕具体专业而展开的活动过程。虽然大学学习与中学学习都是学习继承历代积累起来的知识经验，但是大学学习所传递与接受的除了经典知识外，还有较为高深的专业理论知识和学科前沿理论知识。这种专业性特点决定了大学教学、学习的全过程；从计划教学和制定大纲、设置课程和安排学时、编写教材、选择内容，以及组织教学的形式、方法和手段等，都要围绕具体专业而展开，大学学习的理论基础课、专业基础课、专业课和选修课，也要紧紧围绕培养系统、高深、宽广、扎实的专业理论知识为指向。

（3）独立性

大学学习过程是运用科学的教学形式及方法，培养学生独立地学习知识、掌握专业理论、从事科学发现的实践活动。大学学习的独立性贯穿于教学的每个阶段和环节。中学学习基本上是以简略的、有秩序的方式掌握基本的间接知识，因而是在教师全面而直接的指导下学习。大学生在学业上已开始走向自立，教师在学习过程中的主导作用只起着指点性的"引导"而非全面直接的指导。这种独立性以大学生的身心发展趋于成熟为基础，以大学学习的教学目的及相适应的组织形式和教学方法为表现。较为充足的自学时间，较为广泛的自学内容，都大大增强了大学学习的独立性，要求大学生在学习阶段掌握学习方法论，培养独立学习、独立工作和独立探索的能力。

（4）创造性

大学学习中，学生在继承掌握前人积累的专业理论知识基础上，从事探索活动、发展创造能力、获得科学方法和创新精神的过程。大学生的自身条件和大学生的教育是奠定大学学习走向创造性的基础。此外，国家发展和社会进步的需要，也要求大学生必须具有创新能力，进入社会后成为一支创造性力量。创造性是大学学习的基本特点之一。

（5）实践性

大学学习是学生将高度抽象的专业理论知识，运用于具体实践活动，以发展学生应用技能和改造世界能力的过程。大学生学习知识认识世界的目的是为了改造世界，而这一目的只有实现了感性认识向理性实践能力的转化才能达到。中学的教学实践活动和大学学习的实践性有显著区别，前者是为学生从具体认识上升到抽象认识提供支撑点，后者是将抽象专业知识运用于具体实践的活动，是认识的较高层次，两者无论在内容、形式、结果和意义上都无法比拟。

3.4.2 物业管理专业学习方法

1. 走近你的专业

你或许主动、也或许被动地选择了物业管理专业，对这个专业，你或许了解，也或许一无所知。但从今天开始，请试着走近物业管理专业，并最终爱上物业管理专业。你可以通过以下途径了解物业管理专业。

（1）理论学习

通过专业导论课程的学习，在专业老师的引导下，并可借助图书、期刊、广播、网络等媒体信息的获取，全面了解物业管理专业的行业背景、人才培养方案、课程体系、就业前景等。

（2）走近行业

利用学校组织的物业管理项目观摩，直观地了解物业管理行业现状，了解物业管理工作的内容，了解用人单位对物业管理专业人才的需求特点，进而明确自己未来的职业方向。

（3）向老师请教

向辅导员、物业管理专业老师请教，清楚掌握本专业的学习方法、学习技巧、学习重点和相关学科的学习内容。

（4）听专业讲座

积极参加学校开展的各项关于本专业和相关专业的活动，通过参加活动，听取专家、学者的报告，了解本专业的研究现状和理论前沿，丰富自己的专业认知。

（5）与学长交流

积极参与学校社团活动，向学长了解各门课程的特点和学习难点，听取他们有益的经验传授，在学长的帮助下，快速适应专业学习环境。

2. 物业管理专业的特点

通过多渠道的了解，你或许对自己的专业有了初步的了解。物业管理专业主要特点可以总结为以下几个方面。

（1）文理交融

物业管理专业以工商管理和管理科学与工程为主干学科，相关支撑学科包括建筑学、土木工程、环境工程等，专业内容横跨管理学、工学、经济学、法学、社会学等多个门类下相关学科。专业招生对象一般也是文理兼收。文理并重的课程体系，给学生的学习可能会带来一定压力。文科学生可能会因为数学、物理等学得较浅，而对房屋建筑构造、物业设施设备、楼宇智能等工程类课程的学习感到费力；理科学生则可能对管理学、经济法、物业管理法规等管理、法律类课程缺乏兴趣。但是，物业管理专业文理交叉的学科特点，符合物业管理行业应用型、复合型人才需求特点，毕业生既掌握相对扎实的工程维护养护技术，又具备一定的综合协调管理能力，在就业市场上有比较宽广的选择空间。同学们应该从培养兴趣入手，接近专业，走近行业，从了解到逐渐喜欢，再到接受，一点点爱上物业管理专业。对专业的热爱，会激发大家学习的动力，在老师和同学的帮助下，扫清学习中的障碍，圆满完成学习任务。

（2）理论实践并重

物业管理专业是应用性、实操性非常强的专业。要求学生牢固掌握专业基础理论知识的同时，具备较强的实践操作技能。首先，在专业课程体系里，会安排分量较重的实践、实训内容，同学们应该在老师的指导下，结合所学专业理论知识，认真完成此类课程的学习和训练，达到理论实践的有机结合；其次，物业管理行业是非常"接地气"的专业，与民生息息相关，同学们自己就是物业管理的直接被服务者，应善于在日常学习生活中，留意周围物业管理活动的细节，体会物业管理活动中各方主体的感受，关注物业管理服务的关键因素。

（3）发展中的新专业

"物业管理是改革的实践。"物业管理专业在我国只有二十多年的历史，在我国高等教育学科专业体系中，属于一个年轻的专业。物业管理专科的《高等职业教育物业管理专业教学基本要求》2012年才编制出版，物业管理本科的《高等学校物业管理本科指导性专业规范》于2016年才出版发行。目前国内开设物业管理专业的高校，在人才培养目标、课程体系等方面差异很大。另一方面，物业管理行业经过了三十年的发展，正处在一个转型升级、跨越式发展的变革阶段。互联网+、大数据、智能建筑等新技术的出现，更是给物业管理行业带来巨大挑战。行业的变革，必然要求物业管理专业教育在培养目标和课程体系上同步跟进。因此，作为物业管理专业的学生，应时刻关注行业动态，及时了解行业最新信息。

3. 告别应试教育

六年的中学生涯，大家为顺利走过高考的"独木桥"，一路"拼杀"。习惯了"捆绑式"的教学模式，习惯了"死记硬背"，习惯了"题海战术"，习惯了将分数尊为高于一切的"法宝"。中学里，作息时间被严格规划，解题步骤甚至作文套路被统一固化，"单元测"、"月考"、"期中考"、"期末考"各种测验按部就班、周而复始。于是大家渐渐习惯了被动式地接受一切。

进入大学，你会发现这一切统统被推翻了。上课了，你还以为老师会细致入微地剖析教材，可他们却决定系统化地传授，常常不拘课本甚至天马行空，而卓越的老师往往以"通识知识"为教学环境，鼓励跨学科解决问题。除此之外，曾经铺天盖地的作业不见踪影，连逃课都至多只是签到表上的一个"╳"——再没有老师给你的家长打电话了。讲题了，你本认为老师会详尽给出答案并严格规范步骤，可他们偏偏想借助发问驱动并激励你自行解答，甚至用这个问题引出更多问题。下课了，你仍等着老师催你按照既定计划展开学习，却等来了一天又一天的无所事事，很久之后才意识到要自己去图书馆查资料，自己去教室上自习。这时，你可能会抱怨大学老师不负责任，甚至逃离课堂一走了之，但事实上，只是他们负责任的方式变了。理解到这一点，也就不难验证并接受在大学中，自主学习必须代替被动学习占据主导地位。自主学习要求你最大程度地发挥主观能动性，根据实际情况制定学习目标，自己寻找资料思考问题，自己督促自己遵循计划完成学习过程，自己指导自己在遭遇困窘时作出调整。当然，自主学习并不等于闭门造车，大学学习需要老师导航，而你在困难面前也要有向老师求助的意识，他们会给你细致入微的指导和帮助。

回忆中学，你记住了在分析比喻时用"生动形象"来概括，背下公式填入数字计算结果，也懂得依据定理条件默写相应结论，却理解得很少。这样做那时看似也没有问题，古诗词不就是要背诵下来吗？反复去练习不就为熟记套路吗？越贴近标准答案不就分数越高吗？步入大学，你与其他人听同样的课程，完成相同的作业，参与相同的实验，但学习效果却有了不同。究其原因，大学学习重在理解，是"死记硬背"的学习方法出了问题。假若遇到公式，如果你脑海里浮现的第一个念头是"我该怎么来算题"，那么请你摇一摇头，把这个幼稚的想法赶走。你要关注前提条件与推导思路等深层内容，联系本学科与跨学科的其他知识，想着可以解决哪些实际问题。总而言之，要不断提醒自己，在把所学知识融会贯通之后赋予新的情境。与离散的知识相比，连续的知识能教给我们更多东西。

从小学到中学，我们或许已经习惯被分数主宰：只有分数高了，才能在老师的夸奖中被贴上"优秀"的标签；一旦分数低了，就会沦为失败者。来到大学校园，我们下意识地将新的环境与旧的体验对应起来：分数依然是评价一切的标准，奖学金与期末考试挂钩，而研究生免试推荐则像又一次高考……分数跟随我们进入大学，继续用压抑的阴影驱逐阳光，让人看不清自己真正的价值所在。而实际上，优秀的大学绝不会以分数来区分学生，在多元化的评价体系中，我们需要重新定位自己的价值。

大学致力寻找并欣赏每名学生别具一格的价值，分数不是一切。除了分数，大学生活的元素中还应该包括精彩的课上展示、得心应手的实训操作、风生水起的社团活动、如鱼得水的书海遨游……这些体现了大学多元化的评价体系，我们要学会从更多视角欣赏自己。

【故事】

"坏小子汤姆"

小托马斯·沃森（Thomas Watson Jr.，1914—1993）：IBM（国际商用机器公司）的开拓者，有史以来最伟大的资本家。其父老托马斯·沃森是IBM（国际商用机器公司）创始人，1956年去世。

小沃森出生于1914年，小汤姆的名字终生都跟随着他，即使他成了年近80岁的老头，仍然被叫做小汤姆。由于从小顽皮捣蛋，被人称作"坏小子汤姆"。12岁那年他买了一瓶黄鼠狼臭腺。当全校全体集合时，他手持臭腺瓶，跑向主通风管道。整个楼层臭气熏天。他创造了自己学校生活中最辉煌成功的一刻，结果被迫暂时休学。这家伙居然用了六年，换了三所学校才将高中念完。上大学，也完全是有钱有势的双亲在布朗大学校长身上施加了压力。小沃森对父亲所经营的IBM没什么好印象。小时候参观工厂，最深刻的就是浓烈的烟雾、噪声以及刺鼻的金属味。1937年，小沃森前往IBM销售学校，熬了两年坚持到学业结束。小沃森成了正式销售员。但大部分时间和精力都花在飞行和泡妞上。他的风流韵事在公司内沸沸扬扬。但他有股倔劲："我不能让IBM支配我的生活。"

二战爆发使小沃森有了解脱的机会，他加入了国民警卫队。他依然胆大包天，一次志愿担任飞行观察员，穿过敌人炮火飞向缅甸。结果起了浓雾，他们什么也看不见。从高度计来看，他们应该已经撞山坠毁了。军队生涯，使他摆脱了父亲的阴影，有了自信心。他终于拿起电话，告诉父亲，他将回到IBM。这当然是老沃森盼望了多年的心愿。他当起推销员，得到了极其轻松的华尔街业务区，结果到1月2日，就完成了全年的销售额度。

老沃森很怀疑那些以真空管和电子零配件装成的庞然大物，丑陋又难过，而且由很多吱轧作响的机械构成，听起来像满满一屋子的人在织布一样。他甚至断言："世界市场对计算机的需求大约只有5部。"父子俩发生了激烈的争执。有一次，他在机场跑道上和父亲发生冲突，最后大声说："你能永远不离开我吗？"

小沃森成为IBM第二号人物后，当即对研究机构进行革新。在公司发展方向上实施了根本性的改革。1950年5月，任命麦克道尔为实验室负责人，大量招聘电子技术方面的人才。而"国防计算机"的研制正是小沃森率领IBM进入电子技术的一次冒险，是公司发展方向的彻底革命。1951年，IBM开始决定开发商用电脑，聘请冯·诺依曼担任公司的科学顾问，1952年12月研制出IBM第一台存储程序计算机，也是通常意义上的电脑，它叫IBM 701。

1952年大选前夕之夜，兰德将一台Univac电脑提供给哥伦比亚广播公司预测结果。电脑作出了艾森豪威尔以微弱优势获胜的预测。那一次，Univac大出风头，被称为"无与伦比的电子大脑"。当然，受刺激最大的还是小沃森。

1953年4月，IBM纽约总部终于迎来辉煌，150位全美最出色的科学家和商界领袖参加IBM701国际计算机的盛大典礼。1956年，四年一度的大选降临，电视上再也见不到Univac电脑，而尽是IBM的标志。此时，IBM已经占领了约70%的市场。

4. 处理好几方面关系

大学的教学活动是一个系统工程，学生应注意处理好以下几个方面的关系。

（1）基础与专业的关系

所谓基础，指的是教学计划中安排学习的理论基础知识和专业技术基础知识。专业，是指专业知识。基础与专业的关系，是相辅相成、缺一不可的辩证统一关系。在具体的专业之中，各自具有其独立的功能。有人把基础比喻为树根，专业则是树之花、树之果。有人用塔来形象地说明两者的关系，基础知识是塔基，专业（技术）基础知识是塔身，专业知识是塔顶。基础是基本的，专业是基础的应用和延伸。大学学习主要是打好基础，扎实地掌握有关的基础理论、基础知识与基础技能。这不仅是科学技术发展的客观要求和进一步学好专业知识的需要，同时也有利于提高未来工作的适应性和后劲。但这决不意味着可以放松或者削弱专业知识的学习。相反，还要加强专业知识的学习，拓宽专业的知识面，因为专业课程是结合专业特点去巩固、扩大、加深基础知识，并且使学生学会综合利用基础知识去独立解决问题，所以学好专业知识也是十分重要的。

（2）理论与实践的关系

理论源于实践，又应用于并指导实践。大学生要成为新时期的创新人才，必须具备扎实、系统、精深的理论知识，又必须具有解决实际问题的本领，因而在学习过程中，既要重视理论学习，又要重视实践知识和技能方面的学习，把两者有机地结合起来，养成理论联系实际的好学风。所谓实践教学是相对理论教学而言，它是除理论教学形式之外，其他教学形式的总称，包括实习、实验、设计、劳动等。实践教学直观性和操作性强，与生产、科研和社会生活联系紧密，有助于培养学习兴趣，增强学习的主动性、积极性和适应性，同时有利于培养创造性思维能力、独立工作能力、实践操作能力和交往能力。通过实践教学还可以了解到生产过程、观察到生产管理人员和技术人员在第一线的作用，不仅可以学到书本上难以学到的现场知识，还可以提高职业兴趣、巩固专业思想。

（3）共性与个性的关系

所谓共性与个性的关系实质上就是实现基本规格与发挥个人专长的关系。大学培养人才是按照一定的目的，有组织、有计划、按专业进行的，国家根据不同时期的政治、经济、科技发展等方面的要求，对大学培养的人才素质提出总的要求，这个总的要求就是培养目标和培养基本规格（或培养基本要求）。培养目标和基本规格是一致的，前者在表述上比较概括，而后者是前者的进一步具体化，更具有操作性、可检测性。培养目标和基本规格是大学教育工作的出发点和归宿，是学校具体制定各专业教学计划、组织安排教学工作、检查和评价教学质量的重要依据。基本规格是国家对大学生成才提出的基本要求，是每个大学生都应该达到的。然而，现实表明，在学生群体中，由于遗传素质和后天生活环境有差异、智力水平有高低、能力发展有快慢、身体有强弱，兴趣、性格、爱好等方面的千差万别，所以，学生个性发展中表现出的不平衡性是客观存在的，这对于社会人才结构的多样化也是必要的。若个个都只是局限和满足于基本规格，而不敢积极合理发展自己的兴趣、爱好和专长，势必会影响自己潜能的发挥，最终影响成才目标的实现，有悖于教育改革的精神。事实上学校在制订教学计划时，已充分考虑并给学生预留了充分发挥个性特长的空间，如实行学分制，开设选修课等。关键在于处理实现基本规格和发挥专长的关系时，首先要认真完成教学计划规定的学习任务，做到全面发展，保证基本规格的实现，在此原则下，尽量创造或寻找条件发挥自己的特长，决不能本末倒置。

（4）第一课堂与第二课堂的关系

第一课堂指学校教学计划以内安排的学习活动。第二课堂是指教学计划之外安排的学习活动，包括校内的各种社团活动（如歌咏、舞蹈、武术、书画、摄影、集邮、讲演、外语之角、科技协会或科技小组以及各种沙龙活动等）和各种校外的社会实践活动（如科技服务、社会调查、勤工俭学等）。第一课堂的学习活动是学校统一安排的，具有强制性和明确的目标要求，它是实现基本规格的保证，人人都必须完成。第二课堂的学习活动通常是由学生团体组织个人自愿参加的，具有独立性和灵活性的特点。第一课堂和第二课堂的关系是相辅相成的。第一课堂是学习的主渠道，第二课堂内容丰富、形式多样，能够为个性差异、学习能力和方法不同的学生，发展他们的各种兴趣和特长提供一个广阔的天地，有利于开发智力和因材施教。同时第二课堂又是第一课堂的延伸和补充，在第二课堂，学生可以学到比第一课堂更为广泛的知识，扩展和延伸第一课堂所学的基本知识。所以，对学校来说，如果只有第一课堂，不开展多种多样的第二课堂活动，那将是一种死气沉沉的片面教育，是不可能全面实现培养高质量、高素质的专门人才的任务的。对大学生来说，要全面塑造自己，把自己培养成全面发展的新人，也必须把两个课堂的学习结合起来，积极主动地参加第二课堂的活动。但是，要正确处理好两者之间的关系：第一课堂是主要的，丰富多彩的第二课堂活动，只是第一课堂的重要补充。参加第二课堂活动，务必要从自身的实际和条件出发，切不可因参加第二课堂活动冲击和影响第一课堂的学习。

5. 构建新的学习模式

（1）从主课到副课

在中学时，课程被高考科目及分数硬性分出三六九等，语文、数学、外语等"主课"集万千宠爱于一身，音乐、美术等非统考科目被作为"副课"忽略。于是，我们习惯了戴有色眼镜来看每门课程，专攻核心或必修课程，而对通识或选修课程视而不见。既然说大学像超市，那么主课就是食品，没有食物人类无法存活。然而人类毕竟超越于其他动物，所以超市还有电器、图书与玩具等百货，好比我们的副课。主课与副课在大学中的地位同样重要。

首先，不要以"是否有用"来区别对待课程。因为究竟哪门课程有用，不是现在能决定的。例如，得益于在大学旁听"美术字"这门艺术类课程，乔布斯为第一台MAC电脑设计出美观的印刷字体。其次，要结合自身知识结构与社会需要选修大学课程，而不是只为凑学分，只看重是否"好过"。第三，学习过程中，保证所有课程平起平坐，学习用更广的视角与更高的站位把握整体学科。

（2）从理论到实践

大学之前，我们已做过了太多的试卷，涂写了太多的草稿，学习似乎就是这个样子，一纸一笔便可以让理论天花乱坠，鲜有的物理、化学实验也不过是陪衬。而大学里会有大量与理论课程相匹配或独立开设的实验、实训、实习课程。比如，建筑材料实验等验证性实验，可以检验理论，也可以帮助我们建立感性认识；物业管理方案设计等设计性实训可以培养我们的综合分析能力和创新意识；顶岗实习可以让我们有机会身临其境，近距离体验物业管理操作技能与管理技巧。理论教学与实践体验的深入整合，让我们的知识学习更立体、更丰富。

（3）从教材走向经典

学习之余，走进图书馆，认真读几本经典好书，而不是只停留在网络博文的走马观花。可以是陶冶情操的文学名著，可以是纵贯古今的科学史话，抑或是以现状推测未来的学术前沿。经典，是历经岁月洗礼的结晶，"对读过并喜爱它们的人构成一种宝贵经验"，"背后拖着经过文化甚至多种文化时留下的足迹"，甚至"将时下的兴趣所在降格为背景噪声"——意大利新闻工作者伊塔洛·卡尔维诺（halo Calvino）1923—1985年在《为什么读经典》中向经典表达了溢于言表的爱慕之情。

（4）从应试走向成长

大学考试前一周的景象别有滋味，"学霸"面无血色，背着书包在教室、宿舍、食堂间行色匆匆，生怕一个闪失没有达到90分；喜欢玩游戏的同学慌里慌张，平时逃课太多，课本还是新的，只好依依不舍地小别电脑去临阵磨枪，实在不行就打个小抄吧；"中庸"一派忙而有序地浏览复习提纲与历年试卷，大概不会挂科，偶尔分数超越"学霸"也是见怪不怪。扪心自问，这样考试究竟意义何在？我们应重新审视考试——考试是评价思维的标准与帮助提高的手段，并非排名工具。如果平日里一步一个脚印地走来，那么考试前便不必如临大敌，也不会为突击所累而倍感窒息。最重要的是，你将真正地学有所得，而不是单纯靠押题与背试卷求过，然后忘得一干二净。等到考试结束，你可以通过反馈追问自己有哪些可取之处，在哪方面尚有不足：概念理解不清？没有抓住重点？考试粗心大意？学习方法与时间管理不当？在发现问题后着手解决，甚至有所创新。走过这一过程，你便已经不知不觉地取得了进步。

【故事】

没有任何借口

在西点，我作为新生学到的第一课，是来自一位高年级学员冲着我大声训导。他告诉我，不管什么时候遇到学长或军官问话，只能有四种回答："报告长官，是"；"报告长官，不是"；"报告长官，没有任何借口"；"报告长官，我不知道"。除此之外，不能多说一个字。

他曾问我："你为什么不把鞋擦亮？"，我说，"哦，鞋脏了，我没时间擦。"这样的回答得到的只能是一顿训斥。因为军官要的只是结果，而不是喋喋不休、长篇大论的辩解！

西点让我明白这样的道理：如果你不得不带队出征，那就别找什么借口了，并在当晚给士兵的母亲写信。如果你不得不解雇公司的数千名员工，那也没什么借口，因为你本应预见到要发生的事，并提前寻找对策。

"没有任何借口"是西点军校奉行的最重要的行为准则，它强化的是每一位学员想尽办法去完成任何一项任务，而不是为没有完成任务去寻找任何借口，哪怕看似合理的借口。其目的是为了让学员学会适应压力，培养他们不达目的不罢休的毅力。它让每一个学员懂得：工作中是没有任何借口的，失败是没有任何借口的，人生也没有任何借口。"没有任何借口"看起来似乎很绝对、很不公平，但是人生并不是永远公平的。西点就是要让学员明白：无论遭遇什么样的环境，都必须学会对自己的一切行为负责！学员在校时只是年轻的军校学生，但是日后肩负的却是自己和其他人的生死存亡乃至整个国家的安全。在生死关头，你还能到哪里去找借口？哪怕最后找到了失败的借口又能如何？"没有任何借口"的训练，让西点学员养成了毫不畏惧的决心、坚强的毅力、完美的执行力以及在限定时间内把握每一分每一秒去完成任何一项任务的信心和信念。

在我的前辈学员中，有很多人都是"没有任何借口"这一理念最完美的执行者和诠释者。伟大的罗文上校是这样，如果不是秉持着"没有任何借口"这一最重要的行为准则，把信送给加西亚将是不可想象的。伟大的巴顿将军（顺便说一句，我是他最狂热的崇拜者）是这样。1916年，作为美国墨西哥远征军总司令潘兴将军副官的巴顿，也有过一次类似的送信的经历。巴顿将军在他的日记中写道："有一天，潘兴将军派我去给豪兹将军送信。但我们所了解的关于豪兹将军的情报只是说他已通过普罗维登西区牧场。天黑前我赶到了牧场，碰到第7骑兵团的骡马运输队。我要了两名士兵和三匹马，顺着这个连队的车辙前进。走了不多远，又碰到了第10骑兵团的一支侦察巡逻兵。他们告诉我们不要再往前走了，因为前面的树林里到处都是维利斯塔人。我没有听，沿着峡谷继续前进。途中遇到了费切特将军（当时是少校）指挥的第7骑兵团和一支巡逻兵。他们劝我们不要往前走了，因为峡谷里到处都是维利斯塔人。他们也不知道豪兹将军在哪里。但是我们继续前进，最后终于找到豪兹将军。"

但是，不幸的是，在生活和工作中，我们经常会听到这样或那样的借口。借口在我们的耳畔窃窃私语，告诉我们不能做某事或做不好某事的理由，它们好像是"理智的声音"、"合情合理的解释"，冠冕而堂皇。上班迟到了，会有"路上堵车"、"手表停了"、"今天家里事太多"等借口；业务拓展不开、工作无业绩，会有"制度不行"、"政策不好"或"我已经尽力了"等借口；事情做砸了有借口，任务没完成有借口。只要有心去找，借口无处不在。做不好一件事情，完不成一项任务，有成千上万条借口在那儿响应你、声援你、支持你，抱怨、推诿、迁怒、愤世嫉俗成了最好的解脱。借口就是一张敷衍别人、原谅自己的"挡箭牌"，就是一副掩饰弱点、推卸责任的"万能器"。有多少人把宝贵的时间和精力放在了如何寻找一个合适的借口上，而忘记了自己的职责和责任啊！

资料来源：（美）瑞芬博瑞. 没有任何借口［M］. 中国青年出版社，2008.

3.4.3　物业管理专业主要学习资源

1. 专业组织

（1）高等学校房地产开发与管理和物业管理学科专业指导委员会

高等学校房地产开发与管理和物业管理学科专业指导委员会（简称专指委）隶属于高等学校土建学科教学指导委员会（简称教指委）。教指委下设建筑学、城乡规划、土木工程、给排水科学与工程、建筑环境与能源应用工程、工程管理与工程造价、风景园林、建筑电气与智能化、房地产开发与管理和物业管理9个专业指导委员会。教指委和下属的各专指委是受教育部的委托和指导，由住房城乡建设部聘任和管理的专家组织，具有非常设学术机构的性质，负责土建学科专业建设和人才培养的研究、指导、咨询、服务工作。其目的在于进一步深化高等教育教学改革，提高高等教育质量，加强教育行政部门对高等学校教学工作的宏观调控，推进高等教育宏观决策的科学化和民主化，充分发挥各科类专家学者对高等教育教学改革与建设的研究和指导作用。各委员会委员任期一般为4年。

（2）中国物业管理协会

中国物业管理协会（China Property Management Institute，CPMI），是经国家民政部批准并注册登记，具有社团法人资格的全国性社会团体。其主管部门为中华人民共和国住房和城乡建设部。

中国物业管理协会于2000年10月在北京举行第一次全国会员代表大会，会上通过了《中国物业管理协会章程》，选举产生了第一届理事会和常务理事会、名誉会长、会长、副会长、秘书长和副秘书长，会议宣告中国物业管理协会成立。协会总部设在北京。

中国物业管理协会是以物业服务企业为主体，相关企业参加，按照有关法律、法规自愿组成的全国行业性的自律组织，具有国家一级社团法人资格，现有会员2200余个。

中国物业管理协会的主要职能包括：协助政府贯彻执行国家的有关法律、法规和政策；协助政府开展行业调研和行业统计工作，为政府制订行业改革方案、发展规划、产业政策等提供预案和建议；协助政府组织、指导物业管理科研成果的转化和新技术、新产品的推广应用工作，促进行业科技进步；代表和维护企业合法权益，向政府反映企业的合理要求和建议；组织制定并监督本行业的行规行约，建立行业自律机制，规范行业自我管理行为，树立行业的良好形象；进行行业内部协调，维护行业内部公平竞争；为会员单位的企业管理和发展提供信息与咨询服务；组织开展对物业服务企业的资质评定与管理、物业管理优秀示范项目的达标考评和从业人员执业资格培训工作；促进国内、国际行业交流和合作。

中国物业管理协会的会员中，除物业服务企业外，也有越来越多的开设物业管理专业的高校加盟，意在及时了解行业最新动态，加强与国内物业间的横向联系与合作，提高物业管理专业人才培养质量。

中国物业管理协会专业委员会：房屋安全鉴定委员会、物业维修资金研究专业委员会、行业发展研究中心、设施设备技术委员会、白蚁防治专业委员会、培训中心、《中国物业管理》杂志。

中国物业管理协会网址：http://www.ecpmi.org.cn/。

（3）台湾物业管理学会

台湾物业管理学会（Taiwan Institute of Property Management，TIPM）于2006年1月23日设立，台湾前营建署长黄南渊先生当选第一届理事长。学会成立目的在于提升居住环境质量与增进生活水平，兼顾小区硬件建设及软件内涵的质量，有效积累优质且丰硕的社会资产，承担落实物业管理学术研究、法治建立与专业服务的社会任务。台湾于1991年12月首先公布《保全业法》，1995年6月公布《公寓大楼管理条例》，2004年9月召开全国服务业发展会议后，通过物业管理服务业发展纲领，并系统整合、加速推进建立物业管理法制，民间团体纷纷于各地成立物业管理相关专业团体。近年来，国外知名的物业管理公司快速加入台湾各行各业的物业管理市场，也是促成该学会成立的时代背景。

学会未来希望涵盖物业管理的三类服务范畴：①建筑物与环境的使用维护服务（清洁、保全、消防检修、公共安全检查、附属设施设备等）；②生活与商业支持服务（物业代办及咨询、事务管理）、物业生活服务（小区网络、照顾服务、保姆、宅配物流）、生活产品（食衣住行育乐）；③资产管理服务（不动产经营顾问、开发租赁、投资管理等）。学会还进行更具前瞻性的综合性研究，并积极协助大专院校专业教学，落实社会专业需求教育训练，以期顺利接轨国际，贡献台湾物业的管理技能与质量。

学会任务：落实物业管理的教学、研究与发展；健全物业管理的法制与产业环境；协助物业管理业界的良好经营环境；进行国际交流，促进产业走上国际化，成为具有国际竞争力的产业。

台湾物业管理学会网址：http://tipm.org.tw/。

（4）英国特许房屋经理学会亚太分会

英国特许房屋经理学会（Chartered Institute of Housing，CIH）为房屋管理的专业团体，总部设于英国。学会积极为政府的房屋管理政策提出建议，推广房屋管理的专业操守，为房屋专业管理培训人才，推动行业的专业发展。学会一直以推广房屋管理的科学与艺术为使命，为有志投身房屋管理之人士提供专业指导和行业信息。并通过各分会，与各地会员及有关房屋团体交流房屋管理的知识和经验。学会全球现有会员约22000人。

英国特许房屋经理学会香港分会于1966年根据《社团条例》在香港成立。香港分会在1988年根据《公司条例》注册为学会海外办事处，并在2001年，改名为英国特许房屋经理学会亚太分会，以反映分会服务范围的改动。亚太分会服务的会员已超过2500人。会员在公营房屋管理机构、教育机构、私人机构及非政府团体服务。学会的专业资格受到英国及香港特别行政区公营及私人机构广泛承认。

1968年开始，亚太分会在香港一直致力推动房屋管理的专业训练，并且认证大学及专科院校提供的专业资格课程。修完认可课程的学员在完成实务训练后，可申请成为学会会员。亚太分会至今已与香港大学、香港城市大学、香港理工大学、香港专业教育学院、香港能仁专上学院，以及武汉大学、广州大学、北京建筑大学及台湾华夏技术大学等学院合作，并认证其举办的优质物业及房屋管理课程。亚太分会通过与中国内地专业培训机构及主要物业服务企业合办认可课程，成为国内会员的主要来源。分会在国内主要城市成立地区联络处及委任地区代表为国内会员提供服务及更有效推广会务。分会锐意推广服务至亚太地区，并于香港及亚太区的主要城市举办学术交流及研讨会，积极促进学会与亚太区专业团体交流及相互联系，将亚太分会建立为区内的专业交流平台。

学会以"促进房屋管理专业人员对社群作出最大贡献"为服务宗旨，提供以下多项服务，以推广房屋管理专业的科学与艺术：提高学会及分会的专业形象，通过曾接受良好训练及具备专业资格的房屋管理人员推广优质房屋管理服务；适应不断求变的房屋管理行业及分享最佳作业经验；为会员提供技术及知识培训，以提高专业水平；配合政府对房屋事务的咨询工作，提供专业意见，并就房屋政策与区域团体合作；加强与亚太区相关团体的合作与联系；发展亚太分会成为亚太区专业合作的枢纽，并于区内推展会员招募；举办各种研讨会、专题会议、考察团及其他形式的论坛，为业内专家及业界领袖提供平台，促进专业知识的交流；出版刊物及书籍，使会员获得在房屋管理发展上最新的信息。

亚太分会委员会：活动委员会、中国会员事务委员会、教育及培训委员会、对外事务及公共关系委员会、信息科技委员会、会籍事务委员会、政策委员会、专业发展委员会、专业实务委员会、刊物委员会。

亚太分会官网：http://www.cih.org.hk。

2. 专业期刊

（1）《中国物业管理》

《中国物业管理》（China Property Management）2001年创刊，目前为月刊。本刊由住房城乡建设部主管，中国物业管理协会主办，向海内外公开发行，是国家级物业管理专业杂志。本刊以宣传、服务物业管理行业为中心，并为业主、房地产开发企业、研究机构等单位和个人提供物业管理服务相关信息。读者对象为政府主管部门、物业管理行业从业人员、业主、业主委员会、房地产开发企业、物业管理专业的研究教学人员和学生等。本刊以"全面反映行业发展动态，积极促进行业规范发展，正确引导物业管理消费，努力拓展行业交流渠道"为办刊宗旨，依照"客观公正、全面科学、真实及时"的编辑方针，力求在政策性、专业性、权威性、实用性和可读性上体现办刊风格，在房地产及物业管理领域具有一定影响力。主要栏目有：行业动态、专题聚焦、热点讨论、企业聚焦、行业培训、境外视察、产业论坛、权威播报、政策导航、行业动态等。

《中国物业管理》国内统一刊号：CN53-1179/N，国际标准刊号：ISSN 1671-8089，网址：http://www.zgwygl.org/。

（2）《城市开发》

《城市开发》（Urban Development）创刊于1982年，目前为半月刊，包括《城市开发·地产开发》（上半月）和《城市开发·物业管理》（下半月）两份正刊。本刊由住房城乡建设部住宅与房地产业司指导，中国房地产业协会城市开发专业委员会和北京金融街商会承办，是房地产开发与物业管理行业的专业期刊。本刊秉承"一本发展商与市长关注的房地产专业期刊"的办刊宗旨，力求以全新的视角和风格，通过权威、高端、专业、及时的内容服务，彰显指导性、专业性、实用性的办刊特色。主要栏目有：特别关注、业内动态、要章要闻、专题专论、城市发展战略、城市规划、城镇建设、市长论坛等。

《城市开发·物业管理》是在充分整合《中国物业管理》和《城市开发·地产开发》资源基础上创办的，专门为物业服务企业搭建与其市场充分沟通、互动、展现品牌的平台。本刊定位为"一本物业服务企业自己的杂志"。在内容和栏目安排上充分考虑了物业服务企业的需求，为物业服务企业提供从日常管理到市场经营的全方位服务。主要栏目有：锐观察、最新鲜、热议、城市圈、职业经理人等。

《城市开发》国内统一刊号：CN11-2373/TU，国际统一刊号：ISSN 1002-3062，国内邮发代号：82-218。

（3）《现代物业》

《现代物业》（Modern Property Management）2002年创刊，现为旬刊，是全球物业管理、设施管理中文独立传媒，中国物业管理、设施管理领域的专业期刊。本刊以"恒产恒心、物权物语"为核心理念，打造物业规划、物业管理、不动产资产管理和经营在高度、深度、广度和速度方面的优势专业传播平台。发行覆盖中国各物业服务企业、国家机关及企事业后勤部门、大专院校和职业技术学校物业管理院系、房地产开发商及咨询策划机构等，并建立与发展了与中国内地及港澳台、美国、加拿大、英国、奥地利、德国、韩国等海内外各著名企业、物业管理协会、学会等知名机构及其学者的积极交流与合作。研究领域涉及智能化写字楼、办公大楼、大型商场、大型基础设施、公共场馆、工业园区、院校、医院、酒店公寓、住宅的物业资产经营、物业设施管理、物业管理服务、社区治理与服务等。

《现代物业》分为上旬刊《现代物业·新建设》、中旬刊《现代物业·现代经济》和下旬刊：《现代物业·新业主》、《现代物业·设施管理》。

《现代物业》国内统一刊号：CN 53-1179/N，国际标准刊号：ISSN 1671-8089，邮发代号：64-10，网址：http://www.xdwy2001.com/。

（4）《住宅与房地产》

《住宅与房地产》（Housing and Real Estate）1995年创刊，现为半月刊。是经国家新闻出版广电总局批准，由住房城乡建设部、国土资源部指导，中国房地产及住宅研究会主办，住宅与房地产杂志社编辑出版的一本专门反映住宅产业经济发展和房地产建筑技术动态的国家级权威刊物。杂志遵循面向住宅与房地产开发建设领域，传播交流规划、设计、施工、运维环节的新技术、新材料、新产品，介绍行业政策、法规，先进科研成果、应用技术与发展动态，推动行业技术进步与可持续发展的办刊宗旨，全方位多角度报道行业动态，传播市场信息，促进学术交流。栏目设置：产业观察、城市建设、住宅产业化、建材装饰、园林绿化、施工技术、工程管理、建筑论坛、市场与服务。

《住宅与房地产》国内统一刊号：CN 44-1403/F，国际标准刊号：ISSN

1006-6012，邮发代码：46-235。

（5）《物业管理学报》

《物业管理学报》（Journal of Property Management）2010年创刊，现为季刊，由台湾物业管理学会主办。本刊出版目标定位于刊载物业管理相关的科学理论、技术与实务，期望通过学术与实务研究成果的发表，促进物业管理领域中创新管理理论、研究成果、理念、经验与知识等的传播，促进学术界与实务界的交流。通过发表研究管理个案，多角度展示台湾物业管理"产、官、学"发展和演进状态，推动台湾地区物业管理界与大陆、香港以及日本、韩国等地区物业管理和设施管理界的沟通交流。

《物业管理学报》主要刊载"学术研究"和"实务应用"两类论文。学术研究类论文要求遵循严谨的科学研究精神的原创研究成果；实务应用类论文主要针对物业管理实际个案的管理理念与趋势、实务操作、方法与技术等进行解释或评论，要求具有实务应用价值。

《物业管理学报》国际标准刊号：ISSN 2076-5509，网址：http://tipm.org.tw。

3. 网络资源

（1）英国特许房屋经理学会中国学习中心（http://www.cncih.org/）

英国特许房屋经理学会培训平台，主要栏目：全球资讯、认证培训、商务支持、金融创新、案例分析等。

（2）《现代物业》杂志门户网站（http://www.xdwy2001.com/）

专业物业管理和设施资产管理培训知识门户网站。主要栏目：新闻、锐观察、CEO视野、物业管理实务、空间计划、物业管理专家文集、相对论、发展论坛、培训等。

（3）中国物业管理协会门户网站（http://www.ecpmi.org.cn/default.aspx）

宣传国家政策法规，构筑行业交流平台，关注行业发展动态，权威发布行业资讯。主要栏目：协会之窗、行业动态、会员服务、党建工作、发展研究、业界观点等。

（4）深圳房地产和物业管理进修学院官网（http://www.pmedu.com/）

深圳房地产和物业管理进修学院是全国首家开展房地产和物业管理培训的专业培训机构，是由住房城乡建设部与国土资源部两部委命名的培训基地。

（5）中国物业管理之窗（http://www.pmone.com.cn/）

物业管理资讯类平台，以"提供最有价值的物业管理资讯"为宗旨，服务国内物业管理行业。主要栏目：业委会、新闻评论、媒体观察、专家智库、案例说法、物业视频、热点专题。

（6）物业之家（http://www.iwuye.com/）

隶属于深圳市联邻传媒有限公司。物业管理行业从业人员交流学习的互动平台，通过免费分享物业管理学习资料、工作经验、文档表格等助力物业人快速成长。

（7）博厚物业人才招聘网（http://www.bohoupmzp.com/）

为物业服务企业、物业管理从业人员提供全方位的管理、咨询、培训、招聘服务，提供物业管理研究、在线视频培训及招聘、物业管理咨询等服务。

（8）中华人民共和国住房和城乡建设部官网（http://www.mohurd.gov.cn/）

中华人民共和国住房和城乡建设部门户网站，主要资源有国家关于建筑领域的新闻、制度、文件、规范、教育以及各种资格考试的信息。

3.5　物业管理学科的研究领域与动态

在物业管理行业的发展过程中，学术界在物业管理领域的研究成果对物业管理的发展和问题的解决发挥了重要作用。但限于行业较短的发展历史，物业管理理论及应用研究的广度、深度上都存在一定局限性。

3.5.1　物业管理理论研究

1．物业管理商业模式研究

物业管理的商业模式，是指物业服务企业运用专业能力，通过特定的业务流程，提供满足客户特定需求的物业服务产品，以此获得其赖以生存和发展的价值回报的经营范式。商业模式是企业创造价值的核心逻辑，是企业战略的战略，它事关行业发展战略的定位、方向、原则和目标。

2．物业管理风险研究

物业管理风险是指物业服务企业在服务过程中，由于企业或企业以外的自然、社会因素所导致的应由物业服务企业承担的意外损失。物业管理内容多样，涉及的关系主体复杂，加上物业管理的发展在我国发展历史还比较短，法律法规还处在不断完善过程中，多种因素决定了物业管理活动中风险无处不在。

3．物业管理法律问题研究

物业管理是基于建筑物区分所有权这一现代居住方式而必然出现的房屋管理模式，是在物业产权结构多元化和利益趋同化的新形势下产生的一种房屋管理创新形式。物业管理也暴露出许多深层次的法律问题，如：物业服务企业利用自身强势地位损害业主利益；业主委员会诉讼主体资格不明确；小区公共部分、共用设施产权不明晰，纠纷不断；物业维修基金和物业服务费管理不规范等。

3.5.2　物业服务企业战略研究

1．各种类型物业的管理策略研究

物业按其所有权性质、使用性质、占有方式、所有权人数量等指标，可以划分为多种类型，而不同物业类型的管理策略也各不相同。在对具体物业项目设计物业管理方案时，必须充分考虑物业本身特性、物业所有人及使用人构成、物业

周边环境等因素，提出具有针对性和科学性的管理策略。

2. 物业服务企业转型升级对策研究

物业管理行业经过30多年的发展，在改善城市人居环境、提高居民生活品质、创新社会管理、促进社会和谐方面，起到了至关重要的作用。但随着物业服务成本的持续上升，新技术、新材料、新管理手段等的出现，传统物业服务企业的生存空间日益狭小。因此，传统的物业服务企业必须尽快向现代物业服务业转型升级。近几年来，越来越多的企业一直致力于企业的升级转型，通过扩面提质、改变发展方式，从服务内容、服务模式、服务周期等方面谋求变革。

3. 物业服务企业参与社区养老服务对策研究

随着我国人口老龄化进程的加快，庞大的老年群体对养老服务的需求日趋强烈，而社会人口结构变化使社区养老服务供需矛盾日益突出。物业服务企业在开展社区养老服务方面，具有自身的独特优势。近几年，以绿城、卓达、保利等企业为代表的众多物业服务企业，纷纷试水社区养老服务。而真正实现物业管理与社区养老服务的完美结合，涉及政策扶持、企业参与、舆论引导等的协同。

3.5.3　物业管理研究动态

1. "互联网+"概念在物业管理中的应用研究

当前，"互联网+"正在快速而深刻地改变人们的生产生活方式，已形成一个全新的社会服务生态，这个全新的社会服务生态正逐渐显示出巨大的轮廓。面对成千上万的业主，传统的物业服务企业在互联网时代边界正在模糊，网络服务正在逐步发展为物业服务企业重要的创新园地和活力源泉。

2. 街区制改革与物业管理

物业管理是城市管理的组成部分之一，发挥着日益重要的作用。物业管理需要重新定义和审视"物业管理区域"等基本概念。住宅小区有选择地分类打破"有形的围墙"，关键是放下心中"无形的围墙"。新政优化了物业管理生态环境，要重构行业新思路、新秩序、新规则，实现行业凤凰涅槃式发展。

3. 供给侧结构性改革背景下物业服务企业经营战略研究

供给侧结构性改革，就是从提高供给质量出发，用改革的办法推进结构调整，矫正要素配置扭曲，扩大有效供给，提高供给结构对需求变化的适应性和灵活性，提高全要素生产率，更好满足广大人民群众的需要，促进经济社会持续健康发展。以去产能、去库存、去杠杆、降成本、补短板为重点的供给侧结构性改革，经中央经济工作会议定调后，已正式拉开大幕。这一改革进程给物业管理行业发展带来重大的机遇和驱动力。物业服务企业如何提升经营能力，积极发现和培育新增长点，需引起思考。

4."营改增"物业服务企业税负研究

2016年5月1日起，营业税改征增值税试点工作全面推开，物业服务企业也由原来缴纳营业税改缴增值税。在"营改增"应用环境下，物业服务企业面临着巨大的机遇及挑战，因此需要健全物业管理服务体系，保证企业利润的获取，满足物业企业运行和发展的需要。

5.BIM技术在物业管理中的应用研究

建筑信息模型（Building Information Modeling，简称BIM）是以建筑工程项目的各项相关信息数据作为模型的基础，建立建筑模型，通过数字信息仿真模拟建筑物所具有的真实信息。它具有信息完备性、信息关联性、信息一致性、可视化、协调性、模拟性、优化性和可出图性八大特点。[1]将BIM技术运用于物业管理，即将设计、施工阶段的BIM平台与传统物业管理平台相融合，能够大幅提升物业服务企业信息共享、运维管理、空间管理水平，满足物业企业运营阶段的管理需求。利用物联网、云平台技术进行构建，把设计、施工阶段BIM模型与传统的物业智能化管理平台相结合，构建二维立体、智慧、可感知的物业管理平台，具有搭设便捷、通用性强、经济性好等特点，在节约了大量劳动力成本的同时，实现高效的物业运维管理、实时的信息发布，给客户以良好的物业服务体验。

本章小结

物业管理专业培养适应物业管理发展需要，具备良好的现代管理理论素养和职业道德，具备与物业管理相关的工程技术、经济、管理、法律、计算机信息技术基本知识及物业管理专业知识与技能，具备物业管理、服务、经营素质与能力，熟悉物业管理及房地产的有关方针、政策和法规的高素质、应用型、复合型专门人才。

物业管理专业以工商管理和管理科学与工程为主干学科，专业内容横跨管理学、工学、经济学、法学、社会学等多个门类下相关学科。文理兼容，理论实践并重。同时，物业管理专业又是一门发展中的新专业，专业知识内容处在不断更新完善中。物业管理专业知识体系由人文社会科学基础知识、自然科学基础知识、工具性知识和专业知识四部分构成。

同学们从中学进入大学，要注意角色的转换，尽快适应新的学习、生活环境，了解自己的学校和专业，及时调整学习方法，并在老师的引导下，逐步清晰自己的职业生涯规划。物业管理专业实践性较强，同学们要注意在学好理论课程的同时，通过各种媒体随时关注物业管理行业发展动态，积极参与专业实践、社会调查和各种科技创新创业活动，提高个人的综合能力。

① 清华大学BIM课题组.中国BIM丛书：设计企业BIM实施标准指南[M].北京：中国建筑工业出版社，2013.

课后习题

一、思考题

1. 简单梳理物业管理专业的学科体系。

2. 了解物业管理专业的知识结构。

3. 你认为大学学习与中学学习的差异主要体现在哪几个方面?

4. 了解物业管理专业特点,并分析适合自身特点的学习方法。

二、探究题

1. 通过网络,浏览物业管理专业主要学习资源,注意发现不同资源的特色。

2. 通过网络,深入了解物业管理各研究领域,并尝试寻找一到两个自己感兴趣的点,跟踪学习。

三、实践

1. 专业意识现状调查。请在10分钟内,完成本调查问卷(注意:除标明外,均为单选)。

(1)你的性别:

    A.男　　　　B.女

(2)你的考生类别:

    A.城镇应届　B.城镇往届　　C.农村应届　　D.农村往届

(3)你出于何种原因报考本校?

    A.社会声誉　　　　　　B.高考成绩所限

    C.父母老师推荐　　　　D.师范院校　E.其他

(4)你填报该专业是第几志愿?

    A.一　　　　　　　　B.二　　　　　　C.三

    D.四、五、六　　　　E.调剂(请跳至第6题)

(5)你选择本专业最主要的原因是?

    A.就业前景好　　　　B.师资力量强大　　　　C.高考成绩所限

    D.父母老师推荐　　　E.本人兴趣爱好　　　　F.其他

(6)如果你未选择本专业,你情愿被调剂至该专业吗?

    A.很不情愿　　B.有点不情愿　　C.比较情愿　　D.无所谓

(7)在你进入该专业之前,你对该专业的了解程度是:

    A.很了解,收集了很多信息　B.了解过,但了解的不是太多

    C.比较了解,收集了较多信息 D.无所谓了解不了解

(8)你认为你的专业属于:

    A.基础性学科　　　　B.应用性学科　　　　C.不清楚

(9)如果你不满意所录专业,你有何打算?

  A．转专业   B．逐渐培养兴趣 C．辅修喜好专业

  D．研究生阶段重新选择喜爱专业 E．退学重新报考

  F．其他

（10）如果现在有一次转专业的机会，你会转么？

  A．会转 B．不一定 C．不转（请跳至第12题）

（11）你会转专业的原因是：

  A．家人和自己的愿望 B．该专业就业前景不好，转个好点的

  C．自己也不清楚，就是想转 D．看别人转了，自己也想转

（12）你觉得在专业课程学好的前提下，你还会选择增考其他证件吗？

  A．会   B．不会（请跳至第14题）

（13）如果会，你会选择以下那些证件？（最多可选三项）

  A．教师资格证 B．全国计算机等级证 C．导游资格证

  D．会计从业资格证 E．秘书职业资格证 F．其他

（14）你觉得是否需要拥有第二专业证？

  A．很有必要 B．没有必要（请跳至第15题） C．不一定

（15）你会选择哪些作为你的第二专业？

  A．经济学   B．教育学 C．物理学 D．文学

  E．第二外语 F．计算机 G．化学 H．其他

（16）如果在本专业课程中加入其他非本专业课程，你会积极选修吗？

  A．很愿意   B．一般 C．不愿意 D．无所谓

（17）在将来的几年中，你觉得该专业会怎样发展？

  A．发展缓慢，由热专业变冷专业

  B．发展一般，不冷不热

  C．发展迅速由冷专业变热专业，很有前途

  D．不清楚

（18）你觉得毕业后，自己的专业就业前景如何？

  A．应该是很不错的 B．不怎么好 C．一般 D．不知道

（19）就业时，你觉得工作一定要与专业对口吗？

  A．不需要，工作和专业没关系

  B．一定要对口，这样有利于运用专业知识

  C．不一定要对口，有能力胜任工作就行

  D．不知道

（20）你更倾向在哪些地方进行社会实践？

  A．公司和企事业单位 B．中小学

  C．法院、检察院、律师事务所 D．政府机关

  E．社区服务   F．其他

（21）大学毕业后，你的选择是：

A．就业　　　　　　　　B．考研

C．考国家公务员、村官　　D．还没考虑过

（22）假如你要考研的话，你会选择：

A．考本专业　　　　　　B．跨专业考

（23）你觉得考国家公务员或是大学生村官与所学的专业关系有多大？

A．很有关系，就应该去考　　B．有点关系，但是没太大联系

C．根本没有关系　　　　　　D．不知道

（24）毕业后，你会选择哪些地方就业？

A．公司和企事业单位B．中小学　　C．国家行政机关

D．自主创业　　　　　　E．其他

（25）此刻，你最想对自己说的一句话是什么？

2．专业认知调研

分成小组，分别采访你的辅导员、专业老师和学长，请他们谈谈本专业在就业中的优势和劣势，并用PPT对调查结果进行演示，小组间交流。

序号	访谈对象	就业优势	就业劣势	就业前景
1				
2				
3				
4				

4

物业管理
职业规划

本章要点及学习目标

了解物业管理职业资格制度的历史沿革，物业管理专业毕业生的择业方向和职业发展，注册物业管理师制度，物业管理从业人员需要具备的职业能力。

4.1 物业管理职业资格认证制度的历史沿革

在我国物业管理行业发展历程中，为促进专业人才管理体系的健康发展，规范专业从业人员行为准则，相关部门先后出台过多个职业资格管理制度。

4.1.1 物业管理从业人员持证上岗制度

1996年9月，建设部人事教育劳动司和房地产业司联合下发《关于实行物业管理企业经理、部门经理、管理员岗位培训持证上岗制度的通知》（建教培［1996］41号），为全面提高物业管理作业人员的素质，规范物业管理行业提供了保证。通知要求，从1999年1月1日起，物业服务企业经理、部门经理和管理员均需持证上岗。物业服务企业从业人员经岗位培训考核合格，并满足其他方面规定的要求（包括政治思想、职业道德、工作经历、能力、业绩等），由各省、自治区、直辖市建委（建设厅、市政管委）颁发"岗位合格证书"。"岗位合格证书"实行动态管理、复检制度。复检工作每三年进行一次。通知分别对物业服务企业经理、部门经理和管理员的岗位规范作了规定。

4.1.2 物业管理职业资格准入制度

2000年3月，劳动和社会保障部颁布6号令《招用技术工种从业人员规定》，规定"国家实行先培训后上岗的就业制度"，"用人单位招用从事技术复杂以及涉及国家财产、人民生命安全和消费者利益工种（职业）的劳动者，必须从取得相应职业资格的人员中录用"。在《持职业资格证书就业的工种（职业）目录》中列出的90个工种中，包括"物业管理员"。

2001年11月劳动和社会保障部培训就业司和职业技能鉴定中心发布《物业管理员和电子商务师全国统一鉴定试点工作通知》（劳社培就司函［2001］75号），决定在全国开展物业管理员职业资格统一鉴定试点工作。2002年3月，该中心制定并发布了《关于物业管理人员职业资格全国统一鉴定试点工作的实施办法》（劳社鉴发［2002］3号）。随后，对"物业管理员"和"物业管理师"的培训与鉴定工作就在全国范围逐步推开，并形成了相对独立的体系。根据劳动和社会保障部制定的《物业管理员国家职业标准（2003版）》，"物业管理员"的职业等级共设"物业管理员"（国家职业资格四级）、"助理物业管理师"（国家职业资格三级）和"物业管理师"（国家职业资格二级）三个等级。

2015年11月12日，人力资源和社会保障部对《招用技术工种从业人员规定》（劳动保障部令第6号）予以废止。

4.1.3 注册物业管理师制度

2003年，《物业管理条例》颁布。条例中规定，"建设部、人事部共同负责全国物业管理师职业准入制度的实施工作，并按职责分工对该制度的实施进行指导、监督和检查。"2005年11月16日，根据《物业管理条例》的有关规定，人事部和建设部联合下发《关于印发〈物业管理师制度暂行规定〉、〈物业管理师资格考试实施办法〉和〈物业管理师资格认定考试办法〉的通知》（国人部发［2005］95号）。《物业管理师制度暂行规定》将"物业管理师"明确为，"经全国统一考试，取得《中华人民共和国物业管理师资格证书》，并依法注册取得《中华人民共和国物业管理师注册证》，从事物业管理工作的专业管理人员"。2006年，全国物业管理师资格认定考试举行，2010年至2014年，全国共举行5次物业管理师资格考试。注册物业管理师制度的施行，对提高物业管理行业从业人员整体素质，促进行业规范化、专业化发展起到了很好的推动作用。

2015年3月13日，国务院颁布《关于取消和调整一批行政审批项目等事项的决定》（国发［2015］11号）。决定中明确，取消67项职业资格许可和认定事项，其中包括"物业管理师注册执业资格"。国家取消职业资格许可和认定的大方向是简政放权，降低行业交易成本，激发市场自身的活力。物业服务企业应客观评价我国物业管理行业的发展水平及人力资源状况，通过加强企业内部的制度化培训，特别是不同岗位人员的分层次培训，提高企业人力资源水平。作为物业管理从业人员，应坚持学习，通过参与企业内训和国内外知名组织或机构的专业培训，不断提高自身职业素养和能力。

4.2 物业管理专业学生的择业方向

对于物业管理专业的学生来说，根据个人能力和发展志向未来大致可以成为管理型人才、学术型人才和经营型人才。

4.2.1 管理型人才

物业管理专业从一级学科来说，隶属于管理学学科，因此未来成为管理型人才是最基本的发展方向。无论是基层的物业服务企业的员工，还是中高层管理者，都需要掌握一定的管理方法和技巧，这是物业管理工作的特点决定的。因为在日常的管理过程中，不可避免地遇到矛盾和纠纷需要处理，有业主和业主之间的矛盾、业主与物业服务企业之间的矛盾、业主与开发商之间的矛盾、业主与外界的矛盾等。在处理每一类的矛盾纠纷时，物业服务企业的员工都必须要积极主动协调双方的矛盾，化干戈为玉帛，管理好本区域的人、财、物。尤其要减少业主与物业服务企业之间的纠纷，这就需要物业管理员工有娴熟的沟通能力和公关技巧、应变能力和承担责任的勇气。

对于中高层管理者来说，更需要高水平的管理技能。因为物业公司各岗位的入职门槛不同，有高素质的专业人才，也有普通的保安和保洁员。面对不同人才，用什么样的办法把他们团结在一起，按照企业发展的战略方向发展，是一个非常关键的问题。所以对物业服务企业的中高层管理者来说，要具备一定的管理才能，面对不同的人士组建自己的团队，领导自己的团队。

4.2.2 学术研究型人才

1. 我国现行三级学位制度[①]

（1）学位（Degrees, Academic Degrees）

授予个人的一种学术称号或学术性荣誉称号，表示其受教育的程度或在某一学科领域里已经达到的水平，或是表彰其在某一领域中所作出的杰出贡献。由具备授予资格的高等学校、科学研究机构或国家授权的其他学术机构、审定机构授予。学位称号终身享有。

（2）学位等级（Academic Degree Grades）

按照《中华人民共和国学位条例》的规定，我国实施三级学位制度，学位分为学士、硕士、博士三级。我国的学位分级与高等教育的不同阶段相联系。学士学位，由国务院授权的高等学校授予；硕士学位、博士学位，由国务院授权的高等学校和科学研究机构授予。《中华人民共和国学位条例》对各级学位的授予标准作出了明确的规定，分别具体规定了各级学位获得者应具备的学术水平，如图4-1所示。

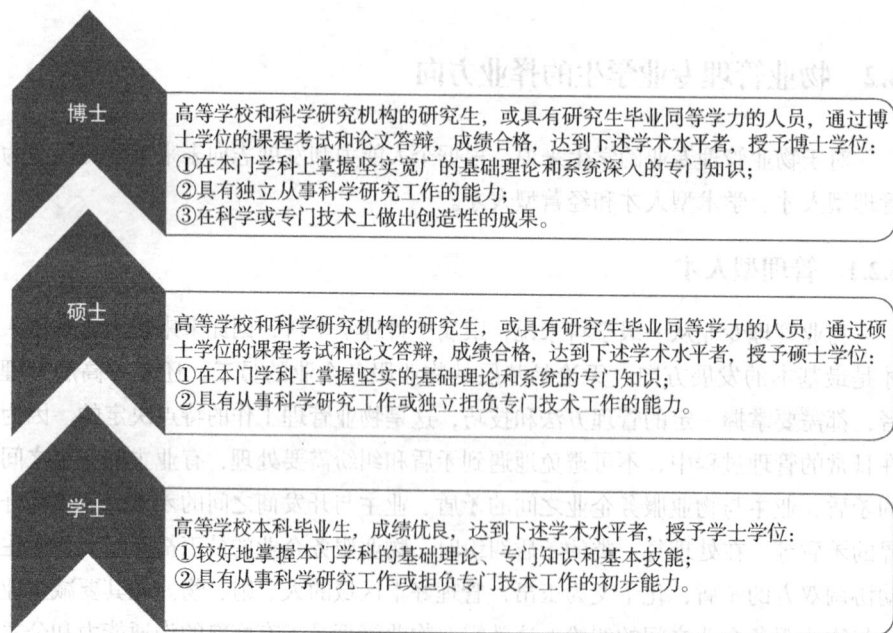

博士	高等学校和科学研究机构的研究生，或具有研究生毕业同等学力的人员，通过博士学位的课程考试和论文答辩，成绩合格，达到下述学术水平者，授予博士学位：①在本门学科上掌握坚实宽广的基础理论和系统深入的专门知识；②具有独立从事科学研究工作的能力；③在科学或专门技术上做出创造性的成果。
硕士	高等学校和科学研究机构的研究生，或具有研究生毕业同等学力的人员，通过硕士学位的课程考试和论文答辩，成绩合格，达到下述学术水平者，授予硕士学位：①在本门学科上掌握坚实的基础理论和系统的专门知识；②具有从事科学研究工作或独立担负专门技术工作的能力。
学士	高等学校本科毕业生，成绩优良，达到下述学术水平者，授予学士学位：①较好地掌握本门学科的基础理论、专门知识和基本技能；②具有从事科学研究工作或担负专门技术工作的初步能力。

图4-1 我国学位等级标准

1）学士学位（Bachelor's Degree）。世界上多数国家通行的高等教育的初级学位。各国通常按照本国的规定或惯例，由高等学校授予不同学科门类的学士。学士学位的修业年限一般为四至五年。

[①] 中国学位与研究生教育信息网：http://www.chinadegrees.cn/.

2）第二学士学位（The Second Bachelor's Degree）：已修完一个学科门类中某专业的本科课程，准予毕业并获得该学科门类的学士学位，再攻读另一个学科门类中的某本科专业（根据国家需要，也允许选择同一学科门类中的另一本科专业），完成教学计划规定的各项要求，成绩合格，准予毕业者，可授予第二学士学位。第二学士学位的修业年限，一般为二年。

3）硕士学位（Master's Degree）：世界多数国家通行的研究生教育的初级学位。硕士学位以大学本科教育和学士学位为基础，分为学术性硕士学位和专业（或职业）硕士两种类型。硕士学位是中国三级学位中的第二级学位。

4）博士学位（Doctor's Degree）：世界多数国家通行的研究生教育的最高等级学位。博士学位是中国三级学位中的最高级学位。我国博士学位分为学术型博士学位和职业型博士学位。

（3）学位类别

我国学位类别分为学术型学位与专业学位。学术型学位按照学科门类授予，分别为哲学、经济学、法学、教育学、文学、历史学、理学、工学、农学、医学、军事学、管理学、艺术学学士学位/硕士学位/博士学位。专业学位虽也分为学士、硕士和博士三级，但一般只设置硕士一级。各级专业学位与对应的我国现行各级学位处于同一层次。专业学位按照专业学位类型授予，专业学位的名称表示为"**（职业领域）硕士（学士、博士）专业学位"。

1）学术学位（Academic Degree）：亦称"科学学位（Scientific Degree）"，是按授予学位的学术要求的性质和特点划分出的一种学位类型。授予学术学位的学术要求一般侧重于理论和学术研究方面，如：具有进行创造性学术活动和较高水平科学研究工作的能力，在本门学科上掌握扎实广博的理论知识等。哲学学位是欧美一些国家学术学位的主要称谓。

2）专业学位（Professional Degrees）。亦称职业学位，是区别于学术型学位的另一种类型的学位。专业学位教育的任务，是根据社会特定职业或岗位的需要，培养适应这些职业或岗位实际工作需要的应用性、复合型高层次人才。

2. 物业管理专业本科生的学历层次提高途径

对于物业管理本科专业学生，一般可以考取管理学门类下的管理科学与工程、工商管理或公共管理三个一级学科的硕士研究生。研究生毕业后可从事物业管理的相关学术研究。研究国内外物业管理发展概况、物业管理行业的发展前景、行业发展中存在的问题、国家相关政策、物业管理法律制度、物业管理经营方式等。培养物业管理学术型人才，加强物业管理行业的研究，是物业管理行业健康发展的必然需求。

（1）工商管理硕士学位

工商管理硕士培养具有扎实的经济学和管理学理论基础，具有科研兴趣和严谨的科研作风，掌握定量和定性分析方法及数据处理技术，了解本工商管理学术前沿与学术动态，善于提炼科学研究问题，具备一定的学术研究创新能力，能够开展本专业学术研究和应用研究的专门人才。

工商管理硕士学位人才培养，注重开拓学生学术研究视野，了解工商管理学科的学术研究历史、现状、前沿问题和动态趋势，了解管理实践中面临的重大问题以及专业间和学科间的互动关系；注重培养学生规范的学术研究能力，激发其学术创新能力，善于从文献研究和管理实践中发现并提炼科学研究问题的能力，扎实地掌握管理研究的定性、定量分析方法和数据处理方法，能够独立开展学术研究，成为博士生的后备人才；注重培养学生严谨的学风，在科学研究中养成遵循学术研究准则、崇尚学术研究、谨守诚信、独立和相互尊重的学术精神。

工商管理硕士主要研究方向包括：会计学、企业管理、旅游管理、技术经济及管理、财务管理、人力资源管理、市场营销、投资管理等。

（2）管理科学与工程硕士

管理科学与工程硕士培养具有全面、扎实的管理专业知识，较好地分析问题和解决问题，具备学术研究的基本素养和独立从事管理工作的高级人才。对于管理科学的思维方式、方法技术有系统的掌握和透彻的理解，能够采用恰当的定量分析技术解决管理中的实际问题；对于本领域的研究成果，有全面和深入的掌握，了解相关学科的知识及发展动态；掌握较为规范的研究方法，能够独立承担一定的科研任务；掌握一门外国语，能够熟练地阅读本专业的外文资料。

管理科学与工程硕士主要研究方向包括：管理科学、管理系统工程、工业工程、信息管理与信息系统、工程管理、社会管理工程、管理心理与行为科学、电子商务技术、科技与创新管理、服务科学与工程等。

（3）公共管理硕士

公共管理硕士要求掌握本学科坚实的基础理论和系统的专门知识，具有从事科学研究和高级专业工作的能力，并能比较熟练地运用一门外国语阅读本学科的专业外文资料。

公共管理学科具有理论联系实际的特点，要求学生在学习过程中形成理论联系实际的能力，毕业后可以从事各种实践性的工作或者专门研究工作。教学工作要考虑社会发展变化趋势，培养学生掌握宽广知识基础和扎实的方法技能的能力，毕业后能够不断学习新知识，开展创造性的工作，适应学习型和创新性社会发展的要求。主要研究方向包括：行政管理、社会医学与卫生事业管理、教育经济与管理、社会保障、土地资源管理和公共政策等。

未来进入物业服务企业工作的同学在工作中对物业管理行业的发展现状、存在的问题、发展趋势等会有更深的感悟，在工作之余也会将感悟转化为文字，与广大同行共同分享与讨论。物业管理协会也会根据行业的发展情况设置研究课题，希望广大物业管理行业的从业人员能共同进行研究，为物业管理行业的更好发展出谋划策。随着物业管理行业的大力发展，一些有实力的物业服务企业已经越来越重视物业管理的学术研究，有的企业已经成立了研究中心。因此在物业服务企业从事工作的员工也可以成为学术型研究人才。

【资料】

管理学门类国家重点学科名单　　　　　　　　　　表 4-1

类别	学科代码及名称	学校名称
一级学科	1201管理科学与工程	清华大学，北京协和医学院—清华大学医学部
		北京航空航天大学
		天津大学
		大连理工大学
		哈尔滨工业大学
		上海交通大学
		浙江大学
		合肥工业大学
		中南大学
		西安交通大学
		国防科学技术大学
一级学科	1202工商管理	中国人民大学
		清华大学，北京协和医学院—清华大学医学部
		厦门大学
		中山大学
		西安交通大学
二级学科	120201会计学	中央财经大学
		东北财经大学
		上海财经大学
		中南财经政法大学
		西南财经大学
	120202企业管理	北京大学
		南开大学
		南京大学
	120204技术经济及管理	重庆大学
二级学科	1203农业经济管理	中国人民大学
		中国农业大学
		南京农业大学
		华中农业大学
		华南农业大学
		西北农林科技大学
二级学科	120401行政管理	中国人民大学
		中山大学
	120402社会医学与卫生事业管理	复旦大学
	120403教育经济与管理	北京大学
		北京师范大学
	120404社会保障	武汉大学
	120405土地资源管理	南京农业大学

教育部学位与研究生教育发展中心管理学学科评估排名（2012 年）表 4-2

一级学科	学科排名	学校代码及名称	学科整体水平得分	评选详情
管理科学与工程	1	10003 清华大学	92	本一级学科中，全国具有"博士一级"授权的高校共87所，本次有58所参评；还有部分具有"博士二级"授权和硕士授权的高校参加了评估；参评高校共计102所
	2	10056 天津大学	84	
	3	10335 浙江大学		
	4	10698 西安交通大学		
	5	90002 国防科学技术大学		
	6	10006 北京航空航天大学	83	
	7	10248 上海交通大学		
	8	10359 合肥工业大学		
	9	10213 哈尔滨工业大学	81	
	10	10247 同济大学		
	11	10358 中国科学技术大学		
	12	10533 中南大学		
工商管理	1	10002 中国人民大学	88	本一级学科中，全国具有"博士一级"授权的高校共54所，本次有41所参评；还有部分具有"博士二级"授权和硕士授权的高校参加了评估；参评高校共计115所
	2	10698 西安交通大学		
	3	10003 清华大学	87	
	4	10558 中山大学		
	5	10384 厦门大学	86	
	6	10001 北京大学	83	
	7	10055 南开大学		
	8	10141 大连理工大学		
	9	10248 上海交通大学	81	
	10	10272 上海财经大学		
	11	10284 南京大学		
农林经济管理	1	10335 浙江大学	89	本一级学科中，全国具有"博士一级"授权的高校共20所，本次有18所参评；还有部分具有"博士二级"授权和硕士授权的高校参加了评估；参评高校共计29所
	2	10002 中国人民大学	87	
	3	10504 华中农业大学	86	
	4	10019 中国农业大学	83	
	5	10564 华南农业大学		
	6	10307 南京农业大学	82	
	7	10712 西北农林科技大学	80	
	8	10022 北京林业大学	77	
	9	10224 东北农业大学	75	
	10	10635 西南大学		

续表

一级学科	学科排名	学校代码及名称	学科整体水平得分	评选详情
公共管理	1	10002 中国人民大学	90	本一级学科中，全国具有"博士一级"授权的高校共20所，本次有18所参评；还有部分具有"博士二级"授权和硕士授权的高校参加了评估；参评高校共计29所
	2	10003 清华大学	88	
	3	10001 北京大学	85	
	4	10486 武汉大学		
	5	10487 华中科技大学	83	
	6	10558 中山大学		
	7	10027 北京师范大学	80	
	8	10246 复旦大学		
	9	10248 上海交通大学		
	10	10307 南京农业大学	78	
	11	10384 厦门大学		
图书情报与档案管理	1	10486 武汉大学	96	本一级学科中，全国具有"博士一级"授权的高校共20所，本次有18所参评；还有部分具有"博士二级"授权和硕士授权的高校参加了评估；参评高校共计29所
	2	10284 南京大学	86	
	3	10002 中国人民大学	85	
	4	10001 北京大学	79	
	5	10511 华中师范大学	76	
	6	10558 中山大学		
	7	10055 南开大学	74	
	8	10183 吉林大学		
	9	10269 华东师范大学	70	
	10	10280 上海大学		
	11	10610 四川大学		

表 4-1、表 4-2 资料来源：中国学位与研究生教育信息网 http://www.chinadegrees.cn/.

4.2.3 经营型人才

物业管理逐渐发展成为一种综合性的管理。物业项目类型的不同，对于物业管理的具体要求也不同。对于商业物业来说，物业经营管理无疑是非常重要的工作内容。而随着住宅物业管理中多种经营性服务项目的增多，也需要大量的经营型人才。作为经营型人才，第一，要具备敏锐的市场判断力，要判断物业项目的类型、项目周边设施、管理区域内的人群，判断应该经营何种项目，判断未来的收益情况。既要满足客户的真正需求，又要有个性化；可以盈利不多，但也不要亏本，至少未来可以正常地运转下去。第二，要有执行力，这是一种综合性技能，不是单纯的具备专业知识就可以做到，还要拥有社会经验。不仅需要充分了解与物业管理相关的所有内容，还应该有更广泛的知识面，保证确定好经营项目后能有效实施管理，是对经营型人才的更高层次要求。

4.3 物业管理从业人员的职业能力

物业管理活动的特殊性，经营管理的专业性以及涉及多学科、管理复杂等特点，决定了物业管理从业人员，尤其是经营管理专业人员，只有在掌握和了解法律、经济、工程、环保、消防以及公共关系、心理等多方面学科和知识，并经过相关专业岗位实践锻炼的基础上，才能有效地做好管理服务工作。高专业素质的物业管理从业人员，应当具备全面掌握物业管理的法律法规，具备扎实的物业管理知识和丰富的实践经验，具有较强的经营管理能力，妥善处理物业管理中的各类问题，为业主提供价有所值的服务，促进物业管理的保值增值。

（1）具备物业管理和建筑工程方面专业知识

作为物业管理者，应该非常清楚物业及物业管理的相关理论知识，掌握房屋建筑工程及其附属设施、设备的专业知识。新一代互联网技术和其他新技术的发展，对传统的物业管理者提出巨大挑战，物业管理者需要与时俱进，努力学习新技术、新方法，把握新时期业主及使用人的服务需求。

（2）具备房地产开发管理相关知识

物业管理与房地产开发密切相关，前期房地产项目的开发活动，直接影响后期的物业管理质量。物业管理从业人员应当掌握房地产开发和房地产经营的相关知识。物业服务企业在接管物业项目之前要充分了解开发企业的设计意图，注意开发企业的销售业绩，关注即将入住的业主的服务需求，为今后更好地为业主服务提供保障。

（3）具有一定的经济管理、社会和心理学相关知识

首先，物业管理从业人员必须具备一定的经济管理基本知识。物业管理是一种以服务为主要内容的特殊商品，在物业管理市场中符合经济学运行的一般规律，了解市场需求和供给理论、生产理论、成本理论和市场失灵理论，运用经济学理论指导物业服务市场运作，才能保证物业服务企业决策的科学性。其次，物业管理从业人员需要具备一定的管理学基础知识。在物业管理过程中，物业服务企业要想更好地实现经营目标，获得较强的企业信誉和竞争力，必须灵活地运用管理学基本原理，明确管理的概念、管理的基本职能、市场营销管理、服务营销、企业经营战略、品牌战略等相关理论，并把管理学理论应用在日常的物业管理与服务实践之中。再次，物业管理从业人员需要掌握基本的社会和心理学知识。社会学是研究人类社会结构和行为的学科，在物业管理实践中，社区文化、社区组织以及和谐社会的建设均离不开社会学基础知识。正确运用心理学知识也是物业管理师必备的能力之一。物业服务对象是业主和使用人，这类人群年龄段不同、职业不同、受教育程度不同、个人素质不同，如何正确处理好人际关系，

将直接影响物业公司的满意度。因此，只有运用好心理学等相关知识，才能更好地与客户沟通，不断提高物业服务质量。

（4）熟练掌握和运用相关法律、法规

在实际的物业管理活动中，由于各方法律主体利益不同，会产生各种各样的法律纠纷，如：开发企业和业主之间、物业服务企业和业主之间、业主和业主之间、物业服务企业和专业公司之间，都有可能产生法律纠纷。如何运用法律知识维护自身合法权益，正确处理物业服务过程中的各方法律主体的权利义务关系，显得尤为重要。作为物业管理从业人员，应当全面掌握物业管理法律知识，明确各方主体的权利义务关系，解决物业管理工作中的实际问题。

（5）具备一定公共关系知识

物业管理活动中的相关主体既包括国家各行政主管部门、市场监管部门和行业协会，也包括多方面的业务关联企业，以及各类新闻媒体。不同的关系主体具有不同的特征，需要采取不同的服务方式。因此，必须掌握公共关系等相关知识，正确运用公共关系理论，指导物业服务工作，为物业服务企业的生存、发展和个人的活动创造良好的声誉。

【资料】

职业精神的六个追问

我没有看过《士兵突击》，没有见过许三多的风采，之所以推荐《许三多的职业精神》这篇文章，是因为文章里许三多拙朴的"名言"，更是因为它触及了我对职业精神背后的人性思考。

追问一：职业精神是什么？

虽然不同国家、不同地区、不同时期、不同阶层、不同职业、不同的个体，会有不同的答案，却都离不开一些普遍的现象描述：诚信、勤勉、专精、尽责、奉献，等等。而上述表象归根结底都源于基本的实质评判：因职位而尽责，以尽责为事业。

追问二：职业精神的界线在哪里？

职业精神的最高境界，词人曾经做过最好的注释，柳永的"衣带渐宽终不悔，为伊消得人憔悴"便是明证；职业的底线，却是由僧人坚守着："当一天和尚撞一天钟"说的就是职业的本分。

追问三：职业精神是如何形成的？

职业精神的形成，东方和西方、贵族和草根、政界与商界、学界和实业界，见仁见智、莫衷一是，归纳起来，不外乎以下要素：社会的分工、契约的精神、制度的完备、宗教的洗礼、福利的保障，等等。宏观层面的探讨固然鞭辟入里，但如果缺乏微观的剖析，似乎总是无法让人信服，而作为职业精神承载者的人，其人格特质与职业精神之间的因果关系，似乎更为直观具体。深入观察过往和现实中的一个个鲜活的个体，我们不难发现，所有职业精神的背后无不闪烁着人性的光辉。

追问四：职业精神的人性基础是什么？

在我看来，至少应该包括四个方面：诚实、坚忍、自尊和宽容。

诚实。真诚而平实，是人性中具有永恒价值的善和美。一个真诚的人，一定与虚伪和投机格格不入，机会主义者永远无法与职业精神画等号；一个平实的人，一定摒弃高调、拒绝浮夸，与内地官员"甘当人民公仆"的豪言壮语相对照，香港特首"我会打好这份工"的低调表态，无疑更具有职业精神的魅力。

坚忍。不积跬步，无以至千里；不积小流，无以成江海。任何职业的担当，不仅需要不弃细枝末节的点滴努力，而且还要面对困难的压力和失败的风险。坚忍的品质，是承担责任的意志基础；恪尽职守，有时韧力比能力更重要。正如许三多所强调的"不抛弃、不放弃"。

自尊。一个自尊的人必定自重，因为自尊，就必须重视外界的评价，注意自己的言行；一个自重的人必定自律，因为自重，就必须接受自己的角色（职业）约束，履行自己的庄严的承诺。自尊的人，不仅看重内心良知上的自我坚守，而且珍惜外界名誉上的社会肯定，所以必然敬事而信、重约守诺，而这正是职业精神的灵魂。

宽容。宽怀而有气度，是人性中最具神性的品格。任何人的职业生涯中，都不免遭遇误解、失落甚至伤害，只有用博大的胸襟去包容、用心态去奉献，才能消解无处不在的冲突和隔阂，营造轻松和谐的职场氛围。一个具有职业精神的人，一定不是一个锱铢必较的人，一定有一种善良博爱的悲悯情怀。

追问五：职业精神为什么缺失？

柏杨在论述中国人的丑陋时曾说过："中国人最讲职业道德，不过全部写在纸上了。"此语虽显夸张，却也道出了国人在职业精神上面临的困窘。当下中国，GDP以每年两位数的速度猛增，超英已成现实，赶美亦非神话，然而物质的繁荣并未带来精神的同步提升，假冒伪劣充斥市场，心浮气躁迷漫职场，急功近利比比皆是，信任危机无处不在……职业精神的缺失已成为层出不穷的社会问题的一个病根。为什么会出现这种现象？我们不能将其完全归咎于传统、信仰、法制和经济等外因，应当更多地从国民性上去寻找内因。几千年的专制集权下，人权的漠视、人格的异化和人性的扭曲，导致了诚实、坚忍、自尊和宽容等优良基因的奴化和变异，使得职业精神丧失赖以生存的人性沃土。

追问六：职业精神的价值何在？

窃以为，在人类宏大的社会机器中，每一个个体都被他的角色所约束，而职业精神正是对不同角色的共同道德规范。任何一个人，即使他目不识丁，即使他一文不名，即使他位卑言轻，只要具备诚实、坚忍、自尊、宽容的人性优点，只要恪守"因职尽责、以责为业"的职业精神，就没有理由不被视为家庭的中坚、机构的骨干、国家的柱石、民族的脊梁。

资料来源：陈伟，《物业管理的本质》，中国市场出版社，2014。作者系原住房城乡建设部房地产市场监管司物业管理处处长。

本章小结

随着物业管理行业的发展，对物业管理行业从业人员的要求也在发生着变化，国家的法律法规也对从业人员的资格要求不断进行调整。由于物业管理行业总的来说还是一个新行业，因此对从业人员的要求仍在调整之中。虽然不断变化，但趋势很明朗，对于物业管理行业从业人员的素质与能力要求趋向于越来越高。对于未来要进入物业管理行业的同学来说，除了提高自己的专业素养外，还要培养自己的综合能力，拓宽自己的知识面，顺应时代发展，掌握新知识、新技能，根据个人兴趣和特点成长为行业所需要的管理型人才、学术型人才和经营型人才。

课后习题

一、思考题

1. 思考物业管理专业人才的不同类型。
2. 思考物业管理从业人员应具备的基本素质和能力。

二、探究题

1. 听取学校相关职业发展规划的报告，就物业管理专业人才未来职业发展通道进行讨论，写一份个人职业生涯发展规划。

三、实践题

关注学校校园招聘活动，选择自己感兴趣的招聘单位，旁听一两场校园招聘宣讲。

参考文献

［1］中国物业管理协会.物业管理基本制度与政策［M］.北京：中国市场出版社，2014.

［2］中国物业管理协会.物业管理实务［M］.北京：中国市场出版社，2014.

［3］季如进.物业管理［M］.北京：首都经济贸易大学出版社，2008.

［4］高富平，黄武双.物业权属与物业管理［M］.北京：中国法制出版社，2002.

［5］张志红等.物业管理实务［M］.北京：清华大学出版社，北京交通大学出版社，2016.

［6］陈伟.管理的本质［M］.北京：中国市场出版社，2014.

［7］黄安心.物业管理原理［M］.重庆：重庆大学出版社，2009.

［8］李宗锷.香港房地产法［M］.香港：商务印书馆香港分馆，1988.

［9］住房和城乡建设部：房地产业基本术语标准JGJ/T 30—2015［S］.北京：中国建筑工业出版社，2003.

［10］中国物业管理协会.物业管理行业发展报告（2013）［R］.北京，2013.

［11］杨立新.最高人民法院审理物业服务纠纷案件司法解释理解与运用［M］.北京：法律出版社，2009.

［12］高等学校房地产开发与管理和物业管理学科专业指导委员会.高等学校房地产开发与管理本科指导性专业规范［M］.北京：中国建筑工业出版社，2016.

［13］高等学校房地产开发与管理和物业管理学科专业指导委员会.高等学校物业管理本科指导性专业规范［M］.北京：中国建筑工业出版社，2016.

［14］高等学校工程管理和工程造价学科专业指导委员会.高等学校工程管理本科指导性专业规范［M］.北京：中国建筑工业出版社，2015.

［15］高等学校工程管理和工程造价学科专业指导委员会.高等学校工程造价本科指导性专业规范［M］.北京：中国建筑工业出版社，2015.

［16］中华人民共和国教育部高等教育司.普通高等学校本科专业目录和专业介绍（2012）［M］.北京：高等教育出版社，2012.

［17］国务院学位委员会第六届学科评议组.学位授予和人才培养一级学科简介［M］.北京：高等教育出版社，2013.

［18］张有光.电子信息类专业导论［M］.北京：电子工业出版社，2013.

［19］汤锐华.大学生职业规划与发展——入学教育（第二版）［M］.北京：高等教育出版社，2014.

［20］胡兴福等.土建施工类专业导论［M］.北京：高等教育出版社，2012.

［21］张国强等.建筑环境与能源应用工程专业导论［M］.重庆：重庆大学出版社，2014.

［22］中国物业管理协会. 物业管理向现代服务业转型升级［M］. 北京：中国市场出版社, 2014.

［23］中国物业管理协会. 2015物业管理行业发展报告［M］. 北京：中国市场出版社, 2015.

［24］中国物业管理协会. 2013物业管理行业发展报告［M］. 北京：中国市场出版社, 2013.

［25］何飞鹏. 赢在责任心，胜在执行力［M］. 北京：中国华侨出版社, 2011.

［26］圣吉著. 第五项修炼：学习型组织的艺术与实践［M］. 张成林译. 北京：中信出版社, 2009.

［27］曾国平. 责任的担当［M］. 重庆：重庆大学出版社, 2012.

［28］邵小波，张照. 敢于担当［M］. 北京：企业管理出版社, 2014.

［29］瑞芬博瑞著. 没有任何借口［M］. 金雨译. 北京：中国青年出版社, 2008.

［30］《现代物业》杂志门户网站. http://www.xdwy2001.com/.

［31］中国物业管理协会门户网站. http://www.ecpmi.org.cn/default.aspx.

［32］中华人民共和国住房和城乡建设部门户网站. http://www.mohurd.gov.cn/.

［33］中华人民共和国教育部门户网站. http://www.moe.gov.cn/.

［34］博厚物业人才招聘网. http://www.bohoupmzp.com/.